Topos Taschenbücher
Band 180

Franziskus Eisenbach

All meine Wege sind dir vertraut

Gedanken für den Tag

Topos Taschenbücher

CIP-Titelaufnahme der Deutschen Bibliothek

Eisenbach, Franziskus:
All meine Wege sind dir vertraut: Gedanken für d. Tag / Franziskus Eisenbach. – 1. Aufl. – Mainz: Matthias-Grünewald-Verl., 1988
(Topos-Taschenbücher; Bd. 180)
ISBN 3-7867-1377-4
NE: GT

2. Auflage 1990
 1. Auflage 1988
Umschlagfoto: Wolf Krabel, Stockholm
Gesamtherstellung: Clausen & Bosse, Leck

Inhalt

All meine Wege sind dir vertraut

Erfahrungen mit Gott

Sprechender Glaube

Leben mit dem Tod

Die Kraft der Verwandlung

Vorwort

Unter den von Martin Buber gesammelten chassidischen Erzählungen kommt mir immer wieder die folgende in den Sinn: „Rabbi Baruchs Enkel, der Knabe Jechiel, spielte einst mit einem anderen Knaben Verstecken. Er verbarg sich gut und wartete, daß ihn sein Gefährte suche. Als er lange gewartet hatte, kam er aus dem Versteck; aber der andere war nirgends zu sehen. Nun merkte Jechiel, daß jener ihn von Anfang an nicht gesucht hatte. Darüber mußte er weinen, kam weinend in die Stube seines Großvaters gelaufen und beklagte sich über den bösen Spielgenossen. Da flossen Rabbi Baruch die Augen über, und er sagte: ‚So spricht Gott auch: Ich verberge mich, aber keiner will mich suchen'."
Oft kommt mir Gott so verborgen vor. Ich klage darüber, daß ich nichts von ihm spüre, daß er so wenig von sich hören läßt. Und ich treffe viele Menschen, die ähnlich klagen, wenn sie überhaupt noch an Gott interessiert sind. Da erinnere ich mich dann manchmal an die Geschichte von dem kleinen Jechiel und muß mir eingestehen, daß auch ich oft nicht sehr intensiv nach Gott suche, daß ich bald geneigt bin zu sagen: Ich kann ihn nicht finden. –
Wie traurig für Gott, der doch so gerne gefunden werden möchte, der nur darauf wartet, sich dem wahrhaft Suchenden zu zeigen. Und welche Freude ist es dann, die Spuren Gottes mitten in meinem Leben zu finden! Welche Freude für Gott, in seinem verborgenen Wirken entdeckt zu werden!
Die kleinen Texte dieses Bändchens gehen solchen Spuren Gottes im Alltag nach. Ich spreche darin von meiner persönlichen Erfahrung. Und auch wenn ich die Menschen, zu denen ich spreche, nicht kenne, so rechne ich doch damit, daß sie die gleichen Erfahrungen machen können. Ich

möchte sie einladen, zusammen mit mir auf den Wegen des Lebens den verborgen gegenwärtigen Gott zu suchen. Und da ich glaube, daß er alle unsere Wege kennt, rechne ich damit, daß er uns Zeichen gibt, die uns helfen, ihn zu finden.

Vielleicht kann dieses Buch seinen Lesern Mut machen, auf der Suche nach Gott nicht zu rasch aufzugeben. Vielleicht kann es helfen, Gottes Spuren besser zu erkennen und sich über Gott zu freuen, der unsere Wege mit uns geht. Ich bin davon überzeugt, daß Gott selbst sich darüber noch viel mehr freuen würde als ich, denn er möchte ja von seinen Menschen gefunden werden.

Herzlich danke ich dem Matthias-Grünewald-Verlag und seinen Mitarbeitern für die Anregung zur Veröffentlichung dieses Bändchens und für alle sorgfältige Mühe bei seiner Vorbereitung und Herausgabe.

Mainz, am 1. Mai 1988

+ Franziskus Eisenbach

Gut, daß du da bist

Die Fundamente des Lebens

In meiner Nachbarschaft wird gerade ein neues Haus gebaut. Ich kann es vom Fenster aus beobachten. Sie kennen den Vorgang. Erst verwandelt sich das schöne Grundstück in einen wüsten Trümmerhaufen. Ein tiefes Loch wird ausgehoben. Schmutzig und naß ist es darin. Und dann werden die Fundamente gelegt. Erstaunlich, wieviel Material in dem Loch verschwindet. Man wird es nicht mehr sehen. Es bleibt unter der Oberfläche verborgen und trägt das entstehende Haus. Wenn es gut geht, braucht man sich um die Fundamente später nicht mehr zu kümmern. Freilich empfiehlt es sich, von Zeit zu Zeit nachzuprüfen, ob sie noch halten. Es könnten ja Risse entstanden sein oder Senkungen, die das Haus gefährden. Wenn das der Fall ist, wird es mühsam. Die Fundamente müssen ausgebessert werden. Im Extremfall muß man sie völlig erneuern.
Ich erkenne darin ein Bild für mein Leben. Auch da gibt es tragende Fundamente, die unter der Oberfläche verborgen sind. Es ist gut, sie gelegentlich zu besichtigen. So erkenne ich, was mein Leben trägt. Da gibt es ein gewachsenes Vertrauen. Ich rechne zunächst damit, daß es die anderen Menschen gut mit mir meinen. Es gibt Beziehungen, die mir guttun. Menschen, die mir zeigen, daß sie mich mögen. Auch wenn ich Fehler mache, kann ich damit rechnen, daß sie mich nicht verurteilen. Und wenn ich Hilfe brauche, weiß ich, daß sie mich nicht hängen lassen. Ich brauche mir dann nicht dauernd durch Leistung Anerkennung zu verschaffen. Ich bin auch akzeptiert, wenn meine Grenzen deutlich werden. In solchen Erfahrungen habe ich gespürt, daß da noch ein tieferer tragender Grund ist: gewachsener Felsen unter den Fundamenten meines

Hauses. Für mich ist das der Glaube an Gott, der mein Leben trägt. Ich glaube, daß er zu mir Ja sagt, so wie ich bin, mit meinen Fehlern und mit meinen guten Seiten.
Solche Grundüberzeugungen liegen nicht an der Oberfläche. Im alltäglichen Leben fallen sie nicht auf. Sie sind einfach da. Aber von Zeit zu Zeit habe ich das Empfinden, ich sollte einmal prüfen, ob die Fundamente noch gut sind. Es gibt ja auch immer wieder gegenteilige Erfahrungen: enttäuschtes Vertrauen, Mißerfolg, das Gefühl, nicht verstanden zu werden. Und ich erlebe auch immer wieder Zeiten, in denen mir der Gedanke an Gott fern liegt. Der Glaube an ihn kommt mir dann so unwirklich vor, gar nicht mehr als tragende Realität.
Mir tut es manchmal gut, mich mit beiden Füßen fest auf den Boden zu stellen. Ich spüre leibhaft, daß der Boden trägt. Oder ich lege mich auf die Erde und spüre, daß ich gehalten bin. Ich muß nicht fürchten, ins Leere zu fallen. Ich erinnere mich an gute Erfahrungen aus der letzten Zeit. Begegnungen mit Menschen, die mir gutgetan haben. So wächst wieder neues Vertrauen. Die scheinbar wankenden Fundamente erweisen sich doch als fest. Wenn ich mir die Botschaft von der Menschwerdung Gottes bewußt mache, liegt der Gedanke nahe, daß ich eigentlich um die Fundamente meines Lebens keine Sorge haben muß. Wenn Gott sich so um uns kümmert, dann hat mein Leben festen Grund. Ich kann darauf bauen, daß er mich nicht fallen läßt. Mag es auch Stürme geben und Erschütterungen, mag mein Haus auch manchen Riß bekommen, es wird nicht einstürzen, denn das Fundament ist gut.

Licht und Schatten

Da war ein Mann, der seinen Schatten häßlich fand. Er fürchtete ihn und wollte ihn loswerden. So lief er, was er konnte. Doch ebenso schnell lief der Schatten mit. Da entschloß er sich, vor dem Licht wegzulaufen, das den Schatten verursachte. Doch als er der Sonne den Rücken kehrte, überholte ihn der Schatten. Wie leicht hätte er sich der Sonne zukehren können, und sein Schatten wäre hinter ihm geblieben. Aber auf diesen Gedanken kam er nicht.

Es ist unangenehm, daß immer dieser dunkle Zwillingsbruder bei mir ist: mein Schatten – all das, was da an Unansehnlichem sich im Dunkeln meines Inneren verbirgt. Da gibt es das dunkle Erbe negativer Eigenschaften, die ich als Familienbelastung mit mir herumtrage. Dazu kommen Verletzungen aus der Kindheit, Einsamkeit, Nichtverstanden-Werden, der Schwächere sein. Tiefe Prägungen, die mich mein Leben lang begleiten. Oft bestimmen sie meine Reaktionen. Ich verstehe mich dann selbst nicht mehr, warum ich plötzlich auf bestimmte Menschen so aggressiv reagiere. Eine im Grunde ganz harmlose Bemerkung hat eine alte Wunde in mir berührt, und ich bin verletzt und wehre mich. Diese geheimnisvolle Welt meines Inneren ist mir weithin unbewußt. Gelegentlich meldet sie sich beunruhigend. Ich merke, daß da unter der Oberfläche meines Lebens manches Dunkle haust. Aber ich kann nicht über meinen Schatten springen. Er gehört zu mir.

Was soll ich damit machen? Kann ich mich damit versöhnen? Ich kann die dunklen Seiten meines Charakters vielleicht etwas wohlwollender anschauen. Wer weiß, vielleicht steckt doch auch etwas Gutes darin. Ich kann auch die Seiten meiner Lebensgeschichte gelten lassen, die mich beschämen. Auch sie gehören zu mir. Ich beginne, die Schattenseiten meines Lebens zu akzeptieren. Vielleicht kann ich mich dann dem Licht zuwenden und den Schatten sein lassen, wie er ist.

In der Bibel können wir immer wieder die Botschaft lesen: Christus ist das Licht für die Welt, das wahre Licht, das jeden Menschen erleuchtet. Es ist kein grelles, kaltes Licht, das mich bloßstellt und dem bergenden Dunkel entreißt, sondern ein warmes, wohlwollendes Licht. Wenn ich mich diesem Licht, Jesus Christus, zuwende, dann kann ich leben. Denn er läßt mich auch mit meinen Schattenseiten gelten. Und wer weiß: Vielleicht wächst doch noch etwas Gutes daraus. Wenn ich traurig bin über all das Mißlungene in meinem Leben, wenn ich mich über meine unausrottbaren Fehler ärgern möchte, hat mir manchmal schon ein kleiner Text von Johannes Tauler geholfen. Er sagt: „Das Pferd macht seinen Mist in dem Stall, und obgleich der Mist Unsauberkeit und üblen Geruch an sich hat, so zieht doch dasselbe Pferd denselben Mist mit großer Mühe auf das Feld; und daraus wächst der edle schöne Weizen und der edle süße Wein, der niemals so wüchse, wäre der Mist nicht da. Nun, dein Mist, das sind deine eigenen Mängel, die du nicht beseitigen, nicht überwinden noch ablegen kannst; die trage mit Mühe und Fleiß auf den Acker des liebreichen Willens Gottes in rechter Gelassenheit deiner selbst. Streue deinen Mist auf dieses edle Feld, daraus sprießt ohne allen Zweifel in demütiger Gelassenheit edle vorzügliche Frucht auf." Vielleicht kann dieser Text Sie trösten, wenn Sie das Gefühl haben, ein bißchen viel „Mist" gemacht zu haben.

Gut, daß du da bist

Als kleines Kind muß ich eine große Selbstsicherheit gehabt haben. Es wird von mir erzählt, ich sei eines Abends im Wohnzimmer erschienen, wo mehrere Gäste zusammensaßen. Dort hätte ich verkündet: Jetzt komme ich, da freuen sich alle Leute. Und so war es dann wohl auch. Nun, diese selbstverständliche Überzeugung, willkommen zu sein, ist eine kostbare Mitgift aus der Kindheit. Viele Kinder haben sie nicht mitbekommen. Sie wachsen unter dem Eindruck auf, zu stören und überflüssig zu sein. Sie müssen immerfort versuchen, auf sich aufmerksam zu machen. Häufig äußert sich das dann in auffälligem Benehmen, in Aggressivität oder auch in Krankheit. Es ist eine schlimme Vorbelastung, mit der ein Mensch oft lebenslang zu schaffen hat, wenn er sich als Kind schon nicht angenommen fühlen konnte. Viele Menschen tragen aber auch noch andere Lasten mit sich herum. Erinnerungen an Situationen, in denen ich versagt habe, machen mich unsicher. Ich stelle fest, daß ich im Vergleich mit anderen Menschen nicht bestehen kann und kann doch nicht aufhören, mich mit ihnen zu messen. Und dann werde ich unzufrieden und neidisch. Am Ende mache ich Gott den Vorwurf, daß er mich nicht gut behandelt hat. Warum hat er mir die Chancen nicht gegeben, die andere hatten? Warum hat er es zugelassen, daß manches in meinem Leben nicht gelungen ist? Es kann zu einem wahren Teufelskreis werden. Einer, der sich selbst nicht leiden kann, ist meistens auch anderen gegenüber unleidlich. Der Zöllner Zachäus, von dem das Lukasevangelium erzählt, mag ein Beispiel dafür sein. Er war sehr reich. Aber seinen Reichtum verdankte er einem ehrlosen Beruf. Für die feindliche Besatzungsmacht, die Römer, trieb er bei seinen Landsleuten die Steuern ein. Sicher haben ihn dafür alle gefürchtet und verachtet. Wer weiß, wie Zachäus auf diesen Weg geraten war. Das Evangelium sagt: Er war klein. Vielleicht hat man ihn damit schon immer gehänselt. Und schließlich hatte er einen Weg gefunden, sich Respekt zu verschaffen. Aber um einen teuren Preis: Niemand mochte ihn mehr. Doch, einer. Jesus kam an dem Baum vorüber, auf den Zachäus geklettert war, neugierig, Jesus zu sehen. Und Jesus sprach ihn an: Zachäus, ich brauche dich. Ich möchte heute dein Gast sein! So etwas hatte er wohl noch nie erlebt. Einer, der ihn nicht auslachte, ihn auch nicht fürchtete. Einer, der sich ihm zuwandte und ihm sagte: Gut, daß du da bist. Ich brauche dich. Diese Erfahrung hat das Leben des Zachäus umgekrempelt. Er war ein neuer Mensch. Sofort zieht er die Konsequenz und sagt: Die Hälfte meines Vermögens gebe ich jetzt den Armen. Und wenn ich jemand überfordert habe, will ich es ihm vierfach erstatten. Zachäus brauchte sein Geld nicht mehr. Er hatte erfahren, daß er auch so willkommen war. Da Jesus etwas für ihn übrig hatte, konnte er auch für die anderen etwas übrig haben.

Sicher haben es viele von Ihnen erleben dürfen, wie gut es ist, wenn einer mir sagt und zeigt: Ich mag dich. Ich brauche dich. Du bist für mich wichtig. Und das ist genau die frohe Botschaft, die uns verkündet wird: Du bist für Gott so wichtig, daß er alles für dich übrig hat, ja, daß er seinen eigenen Sohn für dich hingibt.

Der mir etwas zutraut

Ich habe in meinem Leben schon viele Prüfungen machen müssen. In der Schule, an der Universität, bei verschiedenen Fortbildungsveranstaltungen. Mit am deutlichsten ist mir aber die Fahrprüfung in Erinnerung. Vor mir waren drei durchgefallen. Mir zitterten die Knie, als ich dran war. Aber es ging gut. Und ich war erleichtert und glücklich. Am selben Tag noch ließ mein Vater sich von mir durch die Altstadt von Heidelberg fahren. Er fuhr damals einen schweren, großen Opel-Kapitän. Ich kann mich gut daran erinnern, wie es mir heiß wurde bei der Fahrt durch die engen, verwinkelten Gassen. Sicher war es für meinen Vater auch nicht ganz leicht, neben mir still zu halten. Er griff aber nie ein und machte auch keine Bemerkung, wenn ich mich ungeschickt anstellte. Es ging gut, und ich hatte den Eindruck: Jetzt hast du die Fahrprüfung wirklich bestanden.

Ich wundere mich darüber, daß ich mich an dieses Erlebnis so gut erinnern kann. Es muß für mich viel bedeutet haben. Mein Vater hatte mir etwas Schwieriges zugetraut. Nicht weil ich es schon so gut konnte, sondern obwohl ich noch ziemlich unsicher war. Gerade dadurch habe ich dann Sicherheit gewonnen. Wenn ich darüber nachdenke, wird mir klar, daß ich ähnliche Erfahrungen später auch in wichtigeren Lebensbereichen gemacht habe. Man hat mir Aufgaben zugemutet, die ich mir selbst nie zugetraut hätte. Manchmal war ich auch wirklich überfordert. Aber immer wieder konnte ich doch die Erfahrung machen: Es geht. Du bringst mehr fertig als du gedacht hättest. In der Glaubenssprache möchte ich es so ausdrücken: Gott mutet mir allerhand zu, viel mehr als ich mir selbst zutraue. Und er kennt mich ja besser als ich selbst. Wenn er mir etwas zutraut, kann ich es auch schaffen. Während ich das sage, kommt es mir selbst jetzt allerdings allzu optimistisch vor. Es gibt ja auch die gegenteilige Erfahrung. Daß ich es eben nicht schaffe, daß ich überfordert bin und versage.

Ich möchte mich dadurch nicht entmutigen lassen. Der Apostel Petrus ist dabei ein hilfreiches Beispiel. Jesus hatte ihn aufgerufen, mit ihm zu gehen. Er wollte ihn zum Menschenfischer machen, zu einem Apostel, der Menschen für Gott gewinnt. Petrus hatte sich darauf eingelassen und war mitgegangen. Und dann mußte er immer wieder erfahren, wie er versagte. Er konnte Jesus und seinen Weg einfach nicht verstehen. Und zum Schluß, als es gegolten hätte, dem Freund die Treue zu halten, versagte er ganz. Er leugnete, Jesus zu kennen, aus Angst, mit ihm getötet zu werden. Und doch hat Jesus ihm nach Ostern erneut den Auftrag gegeben, seine Kirche zu leiten. Er hat es ihm zugetraut, trotz seines Versagens. – Ich glaube, selbst wenn ich damals bei meiner ersten Autofahrt einen Unfall gebaut hätte, hätte mein Vater mir trotzdem wieder sein Auto anvertraut. Schlimm wäre es nur gewesen, wenn ich dann selbst keinen Mut mehr gehabt hätte zu fahren. Ich glaube erst recht, daß Gott mir trotz meiner Fehler etwas zutraut. Ich versuche, in den Aufgaben, die mir gestellt werden, seinen Auftrag zu erkennen. Und ich vertraue darauf, daß er mich gebrauchen will. Er weiß ja besser als ich, was ich kann, und wird nichts Unmögliches von mir verlangen. Sicher wird es immer wieder Aufgaben geben, die mich ganz fordern. Ich möchte Gott jetzt schon dafür danken, daß er sie mir zutraut. Und ich bitte ihn um die Entschlossenheit, mich den Forderungen dieses und jeden Tages zu stellen.

Als hätte sich alles gegen mich verschworen

Der englische Schriftsteller und Theologe Clive Staples Lewis hat versucht, seine Glaubensüberzeugung in spannenden Romanen auszudrücken. Er erzählt von einem Mann, der den Auftrag bekommen soll, auf die Venus zu fliegen. Dort soll er verhindern, daß ein ähnlicher Sündenfall stattfindet, wie er die Menschheit ins Unglück gestürzt hat. Ein Freund vermittelt den Auftrag und fordert ihn auf, ihn zu besuchen und sich nähere Anweisungen zu holen. Aber auf dem Weg dahin geht alles schief. Erst verpaßt er den Zug. Dann läßt er seinen Koffer im Zug liegen und hat damit eine Menge bürokratischen Ärger. Auf dem Weg zu seinem Freund zerreißt er sich den Anzug an einer Dornenhecke und stößt sich schließlich sein Schienbein im dunklen Hausgang wund. Es scheint, als hätte sich alles gegen ihn verschworen. Als sollte er mit Gewalt an der Erfüllung seines Auftrages gehindert werden. Immer wieder möchte er aufgeben und heimfahren. Aber schließlich erreicht er doch, gegen alle Widerstände, das Ziel. Was hier romanhaft dargestellt ist, hat in mir viele Erinnerungen geweckt. Ich möchte gern als Christ leben. Ich möchte den Auftrag erfüllen, den Gott mir für mein Leben stellt.

Aber da gibt es ständig unvorhergesehene Widerstände. Ich will mir eine Zeit zum Beten freihalten. Aber gerade dann fallen mir tausend Dinge ein, die unbedingt noch schnell erledigt werden müssen. Im Nu ist die Zeit um, die ich Gott schenken wollte. Ich möchte mich gern selbstlos für andere Menschen einsetzen. Aber es kommt nie recht dazu. Die Umstände erlauben es nicht. Oder ich habe absolut keine Lust, mich jetzt mit Glaubensfragen zu beschäftigen, wenn ich schon einmal Zeit dazu habe. Wieviele Menschen erleben es immer wieder: Sie wollen zum Beispiel am Sonntag in die Kirche gehen. Aber natürlich muß gerade dann ein langes Telefongespräch geführt werden. Oder ein Kind klemmt sich den Finger in der Tür und muß erst getröstet werden. Und dann geht es eben nicht mehr. Was sind das für eigenartige Hindernisse? Ich erlebe sie oft sehr konkret. Ich arbeitete lange in einem Haus, in dem ständig Kurse zur religiösen Vertiefung durchgeführt werden. Immer wieder erfuhr ich, daß Menschen, die sich dafür ein paar Tage freigenommen haben, im letzten Moment absagten. Es ist etwas dazwischen gekommen. Was ist das nur, was da immerfort dazwischen kommen möchte? Man soll den Teufel nicht an die Wand malen. Aber was damit gemeint ist, darf man auch nicht verharmlosen. Ich rechne damit, daß es solche feindlichen Kräfte gibt, die auf mich einwirken. Ob von innen her oder von außen, spielt keine große Rolle. Mal ist es meine eigene Trägheit, mal sind es widrige Umstände. Jedenfalls erfahre ich, daß da immer etwas ist, was mich daran hindern will zu tun, was ich als richtig erkannt habe.

Wie werde ich mich dagegen behaupten können? Im Evangelium ist immer wieder davon die Rede, daß Jesus Christus dämonische Mächte entlarvt und vertrieben hat. Die Menschen, die sich ihm anvertrauen, konnten erfahren, daß sie von diesen lebensfeindlichen Kräften befreit wurden.

Solche Hinweise scheinen nicht mehr recht in unsere Welt

zu passen. Oder doch? Ich finde es nicht so wichtig, wie man die Widerstände nennt. Aber ich möchte diese zerstörerischen Mechanismen durchschauen und nicht immer wieder auf dieselben Tricks des Bösen hereinfallen. Ich vertraue darauf, daß Gott mir hilft, sie zu besiegen.

Gangbare Wege

Neulich saß ich mit einigen Studenten zusammen. Im Rahmen von religiösen Besinnungstagen ging es auch um Ehefragen. Wie finde ich den richtigen Partner? Ist das Risiko einer dauerhaften Bindung nicht zu groß? Kann man es heutzutage eigentlich verantworten, Kinder zu haben? Alle möglichen Probleme und Schwierigkeiten wurden erörtert. Man konnte wirklich den Eindruck gewinnen, daß Heiraten eine überaus riskante Sache ist. Anschließend kam ich mit einer jungen Frau ins Gespräch, die seit ein paar Jahren verheiratet ist. Sie sagte mit einem Seufzer der Erleichterung: Zum Glück habe ich diese Fragen hinter mir. Ich habe mich entschieden. Natürlich gibt es tatsächlich viele von den Schwierigkeiten, die da genannt wurden. Aber man kann doch damit fertigwerden. Wenn man sich nur einmal entschieden auf den Weg macht und die Dinge Schritt für Schritt angeht. – Ich bin nicht verheiratet, aber ich konnte ihr das gut nachfühlen. Ich bin Priester geworden. Während meiner Ausbildung stand das oft wie ein unbesteigbarer Berg vor mir. Wirst du das jemals schaffen? Wirst du den Anforderungen dieses Berufes gewachsen sein? Wirst du so leben können, wie man es von einem Pfarrer verlangt? Manchmal war es zum Davonlaufen. Später habe ich dann gemerkt, daß es doch möglich ist, diesen Weg zu gehen. Auch bei manchem Berg, der von weitem völlig unbesteigbar erscheint, erkennt man ja dann doch gangbare Pfade, die zum Ziel führen. Aber das ist nur möglich, wenn ich mich entscheide loszugehen, trotz aller Furcht vor Schwierigkeiten. Ähnlich ist es mit dem Weg des Glaubens. Wer das christliche Leben von außen und von weitem betrachtet, dem kommt dieser Weg vielleicht völlig ungangbar vor. Vielleicht wendet er sich resigniert ab und sagt: Das paßt einfach nicht mehr in unsere Zeit. Was das Evangelium fordert, ist heute nicht mehr lebbar. Oder er sagt: Es mag einige geben, die so leben können. Besonders auserwählte Menschen. Aber für mich ist das nichts. Ich schaffe das nie. Und so gibt es tausend Gründe, es gar nicht erst zu versuchen. Könnte es nicht ähnlich sein wie bei dem Wagnis einer Ehe oder bei einer schwierigen Bergbesteigung? Wenn ich mich erst einmal darauf einlasse, dann erfahre ich, daß sich gangbare Wege auch für mich finden. Woher nehme ich diesen Optimismus? Gott selbst hat Wege zu uns gebahnt. Er selbst kommt in seinem menschgewordenen Sohn Jesus, um unsere Wege mit uns zu gehen. Gott hat sich endgültig für den Menschen entschieden. Er will ihn nicht fallenlassen, sondern wird und bleibt selbst Mensch. Soviel liegt ihm an seinen Menschen. Und dann wohl auch an mir. Im Vertrauen auf dieses Interesse Gottes an mir kann ich mich dazu entschließen, mich ihm anzuvertrauen. Ich kann ihm sagen: Übernimm du die Führung meines Lebens. Du kannst es besser als ich und weißt besser als ich, was für mich gut ist. Ich glaube, daß Gott für jeden Menschen einen Weg bestimmt hat. Sicher nicht ohne Schwierigkeiten, aber doch gangbar. Und ich glaube, daß der Sinn und das Glück meines Lebens darin liegt, diesen Weg zu entdecken und zu gehen.

Zeit zum Leben

Verlorene Zeit – gewonnene Zeit

Jeder weiß, was es bedeutet, wenn auf der Autobahn der Vordermann plötzlich auf die Bremse tritt. Die Zahl der Schilder am Rand der Straße nimmt zu: Verkehrsstauung. Kilometerlange Schlangen. Man kann nichts tun. Einen Ausweg gibt es nicht. Es geht ein paar Schritt weiter, dann steht wieder alles. Der Motor läuft; man kann ihn auch nicht abstellen; gleich geht es wieder ein paar Meter vorwärts. Irgendwo weit vorne ist ein Unfall oder eine Baustelle. Keiner weiß es. Mal geht es auf der einen Seite etwas schneller, mal auf der anderen. Ein Fahrer wechselt rasch die Fahrbahn, drängt sich in die andere Reihe, die ihm schneller scheint. Ärgerlich hupt der Hintermann. Da will er schon wieder auf die andere Seite, denn jetzt geht es da weiter. Man läßt ihn nicht hinein. Da könnte jeder kommen. Keiner lächelt. Verbissene Gesichter. Einer gestikuliert und schimpft aus seinem Wagen heraus. Was er sagt, höre ich nicht. Täglich gibt es solche Szenen. Wieviel Nervenkraft, wieviel Ärger, wieviele Schimpfworte kostet das. Und es hilft nichts. Man muß warten, bis es weitergeht.

Es ist ja auch ärgerlich! Meistens hat man einen Termin, den man einhalten soll, etwas Wichtiges vielleicht. Oder man hat es gar nicht so eilig, aber ärgert sich doch über die verlorene Zeit auf der Autobahn. Verlorene Zeit? Gewiß, sie war nicht einkalkuliert. Ich werde irgendwo zu spät kommen, etwas verpassen. Aber es ist ja nichts zu ändern. Der Ärger macht es auch nicht besser. Außerdem kann mir niemand einen Vorwurf machen. Jeder wird für die Verspätung Verständnis haben, denn fast jeder kennt diese Situation aus eigener Erfahrung.

Die Zeit in der Autoschlange ist eigentlich gar nicht verlorene Zeit; sie ist gewonnene Zeit.
Wenn ich in einem solchen Stau stecke, setze ich mich gewöhnlich gemütlich im Auto zurecht, entspannt und gelassen. Manchmal betrachte ich die Gesichter der Menschen, die an mir vorbeifahren oder die ich überhole. Man sieht ihnen an, wie sie sich ärgern. Aber nicht alle. Da ist einer, der steckt sich eine Zigarette an und plaudert mit seinem Mitfahrer. Ein Kind winkt herüber. Ich winke zurück. Schöne Gesichter sind darunter. Bei manchen denke ich: Den würde ich gerne kennenlernen; den anderen dort lieber nicht. Manchmal lese ich auch etwas, wenn ich in der Schlange stecke. Oder ich denke einfach nach. Man kommt so selten dazu, in Ruhe nachzudenken.
Was mag wohl der Herr in dem Auto neben mir von mir halten? Er schaut so nachdenklich herüber. Vielleicht sieht mein Gesicht auch ärgerlich und verbissen aus. Schade, daß wir nicht miteinander reden können.
Die Zeit verfliegt. Schon geht es wieder schneller. Da vorne ist das Hindernis. Schade, jetzt muß ich wieder zügig fahren. Das war gewonnene, nicht verlorene Zeit.
Oft könnten wir auf diese Weise Zeit gewinnen; wir würden uns viel Ärger sparen. Und manchmal merkt man dabei auch, daß vieles gar nicht so wichtig war, wie man gedacht hatte. Es war gar nicht so schlimm, etwas später zu kommen.
Was mag wohl Gott von uns denken, wenn er uns in der Autoschlange sieht? Merkwürdig, wie besorgt die Menschen um ihre Dinge sind. Wie sie sich oft unnötigerweise das Leben schwer machen. Wie sehr es sie aus dem Gleichgewicht bringt, wenn etwas nicht so läuft, wie sie es sich gedacht hatten. Dabei gibt es doch eigentlich gar nicht so viele wirklich wichtige Dinge. Mit Gott könnte ich darüber sprechen. Ich könnte beten für die Menschen, die mit mir in der Autoschlange stecken. Das nächste Mal will ich es versuchen.

Oft genügt eine kleine Geste

Freundschaften entstehen manchmal auf merkwürdige Weise. Ich habe vor ein paar Jahren einmal in einem großen Selbstbedienungsgasthaus zu Mittag gegessen. Man schob sich mit seinem Tablett in einer langen Reihe an der Theke entlang und nahm sich, was man essen wollte. Dann zahlte man und setzte sich mit seinem Essen an einen Tisch. Immer vier an einem Tisch. Völlig fremde Leute. Keiner sprach ein Wort. Jeder schien es eilig zu haben und aß schnell und hastig, ohne den Blick zu heben. Eine höchst ungemütliche Form des Beisammenseins. Ich hatte noch Zeit und wollte mich gerne ein bißchen unterhalten. Aber wie sollte ich das anfangen, wie sollte ich mit diesen schweigsamen, unbekannten Menschen ins Gespräch kommen? Schließlich nahm ich den Wasserkrug, der in der Mitte des Tisches stand, und fragte meinen Nachbarn, ob ich ihm etwas Wasser geben dürfte. Er schaute ganz erstaunt von seinem Teller auf. Dann sagte er: Ja, gerne. Und hielt mir sein Glas hin. Damit war der Bann gebrochen. Ein Wort gab das andere. Wir erzählten einander, wo wir herkamen und was wir taten. Mein neuer Bekannter war ein Student, der jeden Tag zum Mittagessen hierherkam. Er war noch neu in der Stadt und kannte niemanden. Er klagte darüber, wie deprimierend diese einsamen Mahlzeiten mitten in einer Menschenmenge seien. Wir saßen noch eine ganze Weile beisammen und unterhielten uns über dies und jenes. Dann mußte jeder wieder an seine Arbeit. Wir trafen uns noch ein paarmal, dann trennten sich unsere Wege wieder. Aber wir schreiben uns heute noch und besuchen uns gegenseitig, wenn sich eine Möglichkeit dazu ergibt.

Am Anfang dieser Freundschaft war nichts als ein Glas Wasser, eine kleine Geste. Der tastende Versuch, den fremden Nachbarn als Mitmenschen, als Nächsten zu betrachten. So leicht ist das und trotzdem gelingt es uns oft nicht. Manchmal sind wir so mit uns selbst beschäftigt, daß wir den Menschen neben uns gar nicht wahrnehmen, daß er uns gleichgültig ist. Wieviele Gelegenheiten habe ich in meinem Leben wohl schon verpaßt, durch eine kleine Geste einem anderen Menschen zu helfen oder ihm eine Freude zu machen? Ständig bieten sich dazu Möglichkeiten. Was ist das z. B. für eine ungemütliche Situation, wenn man als Fremder in eine Gesellschaft kommt: Die anderen reden miteinander, begrüßen sich, tauschen gemeinsame Erlebnisse aus, und man selber steht verloren herum, weil man niemanden kennt. Wie dankbar ist man dann, wenn man angesprochen wird. Plötzlich gehört man auch dazu, durch eine kleine Geste. Neulich sah ich in einem großen Verwaltungsgebäude einen Italiener ratlos auf dem Gang stehen. Er kannte sich offensichtlich nicht aus und fand sich nicht zurecht. Die Menschen hasteten an ihm vorbei, sahen ihn flüchtig an und ließen ihn stehen. Er strahlte richtig, als ich ihn fragte, wohin er denn wollte, und ich ihm dann das Zimmer zeigen konnte, das er suchte.

Man müßte einmal versuchen, an irgendeinem beliebigen Tag zu zählen, wie oft sich solche und ähnliche Gelegenheiten bieten. Ich glaube, wir würden staunen. Voraussetzung ist allerdings, daß man aufhört, sich nur mit sich selbst zu beschäftigen, denn dann merkt man nichts. Die vielen Menschen, die uns täglich begegnen, jeder kann unser Nächster sein, der, dem gerade ich helfen könnte durch eine kleine Geste, durch ein Wort, durch einen Blick.

Christus hat einmal gesagt: „Wenn ihr jemandem um meinetwillen auch nur einen Schluck Wasser gebt, es wird euch in Ewigkeit nicht vergessen."

Einer trage des anderen Last

Ich habe noch nie darauf geachtet, mit welchem Fuß ich zuerst aus dem Bett steige. Aber an manchen Tagen könnte man wirklich meinen, es müsse wohl der linke Fuß gewesen sein, der schuld daran ist, daß aber auch gar nichts klappt. Der Wecker war schon falsch gestellt. Sicher hat da wieder jemand daran herumgedreht. Nun ist es schon eine Viertelstunde zu spät. Alles muß schnell gehen. Da reißt der Kragenknopf ab. Wer hat den nur wieder so schlampig angenäht! Der Kaffee ist viel zu heiß. Muß denn das sein! Und dann will auch noch das Auto nicht anspringen. Manche Tage sind wie verhext. Wenn sie schon so schlecht begonnen haben, dann muß nur noch einer kommen und einen dummen Scherz machen: Schon hat man ihn in die falsche Kehle bekommen und eine bissige Antwort gegeben. Man reagiert gereizt auf die unwichtigsten Dinge und steigert sich so in die schlechte Stimmung hinein, daß man sich gar nicht mehr davon befreien kann. Die Kollegen gehen einem aus dem Weg und sagen: Der ist heute sicher mit dem verkehrten Fuß aus dem Bett gestiegen. Und solche Bemerkungen machen es nur noch schlimmer.
Es ist sicher gleichgültig, mit welchem Fuß man aus dem Bett steigt, aber es gibt Tage, wo eben einfach alles nicht recht will. Merkwürdig ist nur, daß wir dem so ausgeliefert sind und daß wir so gerne den anderen die Schuld dafür geben. Warum lasse ich es meine Mitmenschen spüren, wenn ich gereizt bin, warum müssen die anderen darunter leiden? Warum bin ich überhaupt gereizt? Nun, es mag Gründe dafür geben, aber es ist nicht einzusehen, warum man dagegen nicht ankommen sollte. Eigentlich ist es nicht menschenwürdig, daß irgendwelche zufälligen Ereignisse uns so stark beeinflussen. Aber was kann man dagegen tun?
Bei Christus kann ich mir nicht vorstellen, daß er auch gereizt und schlechter Laune gewesen sein könnte. Gewiß

wird berichtet, er sei zornig gewesen oder traurig. Er konnte scharfe Antworten geben und schwere Vorwürfe erheben. Aber immer ging es ihm um die Sache. Nie hört man von ihm, daß er grundlos mißmutig oder launenhaft gewesen sei. Wie hat er das gemacht? War er ein Meister der Selbstbeherrschung? Vielleicht auch, aber darauf kommt es nicht an. Viel wichtiger ist, glaube ich, daß Christus nie an sich selbst gedacht hat, sondern immer nur an die anderen. Für sich hat er keinen Finger krumm gemacht, kein Wunder gewirkt, keine Vergünstigung erbeten. Was er tat, tat er für die anderen. Da blieb kein Platz und keine Zeit für schlechte Laune. Denn schlechte Laune ist nur möglich, wenn ich mich mit mir selbst beschäftige. Das läßt sich leicht nachprüfen. Ich muß nur die Gründe untersuchen, warum ich mißmutig bin. Wenn sich überhaupt welche finden, dann geht es sicher um die eigenen Interessen, um die eigene Bequemlichkeit, um das eigene Wohlbefinden. Wir fühlen uns schlecht behandelt oder benachteiligt oder einfach unwohl. Vielleicht hat es auch Ärger mit den Kollegen oder zu Hause gegeben. Irgendwie ist unser Gleichgewicht gestört. Was soll man da machen? Ich müßte mich nur von mir wegwenden und mich um jemand anderen kümmern. Da bleibt gar kein Platz mehr für schlechte Laune.

In der Heiligen Schrift steht: „Einer trage des andern Last. So erfüllt ihr das Gesetz Christi" (Gal 6,2). Wir würden vielleicht sagen: „Ich habe genug mit meinen eigenen Sorgen zu tun. Sollen die anderen zusehen, wie sie mit ihren fertigwerden." Aber auf diese Weise werden wir durch unsere Sorgen erdrückt. Durch gemeinsames Tragen wird die Last leichter.

Die Freiheit, selbst zu entscheiden

Wenn man einen Stein fallen läßt, so fällt er nach unten. Darauf kann man sich verlassen. Wirft man einen Kork ins Wasser, so schwimmt er. Das ist nichts Besonderes. Wenn ich das Licht einschalte, so erwarte ich, daß es hell wird. Die Dinge folgen ihren Gesetzen, und wir rechnen damit. Erstaunliches entsteht dabei. Hochhäuser und Präzisionsmaschinen; wir stellen neue Werkstoffe her und setzen gewaltige Energien frei. Manchmal geht auch etwas schief, aber das liegt dann nicht an der Unzuverlässigkeit der Naturgesetze, sondern daran, daß wir irgendeinen Fehler gemacht haben, daß wir irgendein Gesetz nicht berücksichtigt haben. Dann kann eine Brücke einstürzen, oder ein Auto bleibt stehen. Wer die Naturgesetze kennt, beherrscht die Dinge. Je komplizierter die Vorgänge sind, desto schwieriger ist es allerdings, alle ihre Ursachen zu kennen und vorauszuberechnen.

Wie ist das mit dem Menschen? Er gehört zum Kompliziertesten, was wir kennen, und die meisten Vorgänge in uns selbst geben uns noch ungelöste Rätsel auf. Aber wir erkennen immer mehr von uns. Anscheinend gehorcht auch der Mensch den Gesetzen der Natur. Ohne viel Federlesens spannen wir ihn in die eiserne Kette von Ursache und Wirkung ein. „Wie man in den Wald ruft, so schallt es heraus." „Wie du mir, so ich dir."

Ist der Mensch also vorausberechenbar? Ist alles, was wir tun, vorherbestimmt und läuft einfach ab, ohne daß wir darauf Einfluß nehmen könnten? Manchmal scheint es so. Aber dann gibt es auch wieder Überraschungen. Da reagiert einer ganz anders als erwartet. Ein ruhiger Mensch wird plötzlich zornig, ohne daß man ihm etwas getan hat. Ein Geizhals fängt an zu spendieren. Ein Draufgänger bekommt es mit der Angst zu tun. Es ist uns immer etwas unheimlich, wenn Menschen uns so überraschen. Da weiß man plötzlich nicht, woran man ist. In Wirklichkeit sind

aber solche Überraschungen nicht Fehler im Mechanismus, sondern da zeigt sich, daß wir Menschen nicht einfach in die Gesetze der Natur eingespannt sind. Wir müssen nicht so reagieren, wie die anderen es erwarten.
Christus hat gesagt: „Ihr sollt eure Feinde lieben. Ihr sollt denen, die euch hassen, Gutes tun. Ihr sollt für die beten, die euch verfolgen." Wir würden sagen, meinen Feind muß ich hassen. Wer mir Böses tut, muß es büßen. Christus sagt, wir sollten das Gegenteil tun. Und er sagt es nicht nur, er hat es selbst auch so gehalten. Er hat sogar noch für die gebetet, die ihn zu Tode quälten. Ist das eine schwächliche Haltung? Ist das Feigheit? Nein. Das ist vielmehr eine unglaubliche Freiheit und Souveränität. Christus hat sich einfach nicht in die Gesetze von Schlag und Gegenschlag einspannen lassen. Er hat Unrecht nicht mit Unrecht vergolten. Er hat gezeigt, daß wir frei sind. Seine Feinde konnten ihn töten, aber sie konnten ihn nicht zwingen, so zu reagieren, wie sie es erwarteten.
Diese Freiheit haben wir auch, und wir können sie jeden Tag erproben. Wir müssen nicht zornig werden, wenn einer uns ärgert. Wir brauchen es nicht heimzahlen, wenn uns einer Unrecht tut. Niemand kann uns zwingen, zurückzuschlagen, wenn uns einer schlägt. Das ist unsere Freiheit. Ich möchte mir jedenfalls nicht sagen müssen, daß alles, was ich tue, nach unveränderlichen Gesetzen abläuft. Ich möchte selbst handeln.

Durch Deutung den Dingen Sinn geben

Neulich besuchte ich einen Bekannten, der sich weit außerhalb der Stadt einen ganz modernen Bungalow gebaut hatte. „Wie schön und ruhig Sie wohnen", sagte ich zu ihm. „Ja, gewiß", meinte er. „Aber dafür brauche ich immer über eine halbe Stunde, bis ich zu meinem Büro komme, und meine Frau langweilt sich fast zu Tode."

Es kommt darauf an, von welcher Seite man eine Sache betrachtet. Die meisten Dinge haben mindestens zwei Seiten. Es ist wie mit den beiden Freunden, die vor ihrem Weinglas saßen. Schade, sagte der eine, mein Glas ist schon halb leer. Welches Glück, meinte der andere, meines ist noch halb voll. Aber im Ernst: Es geht nicht darum, ob man die Dinge pessimistisch oder optimistisch betrachtet. Vielmehr sind die meisten Ereignisse unseres Lebens so offen und vieldeutig, daß sie erst durch die Deutung, die wir ihnen geben, ihren Sinn bekommen. Unser Leben selbst, die Tatsache, daß wir auf der Welt sind, in diesem Land, zu dieser Zeit, unter diesen Verhältnissen: Für den einen mag das eine ständige Quelle des Ärgers und der Unzufriedenheit sein, für den anderen ein dauernder Grund zur Dankbarkeit.
Nur der Tod, der ist eindeutig. Da ist es vorbei mit dem Leben. Da gibt es nichts mehr zu deuten. So haben wir gedacht. Und selbst hier haben wir uns geirrt. Auch der Tod hat verschiedene Bedeutungen. Denken Sie an Christus. Damals, als man ihn hinrichtete, mußte doch jeder denken: Jetzt ist es vorbei mit ihm. Das ist das Ende. Aber dieses Ende erwies sich als Anfang eines ganz neuen Lebens. Was aussah wie die Hinrichtung eines Verbrechers, war in Wirklichkeit die Erlösung der Welt. So verschiedene Bedeutungen kann ein und dasselbe Ereignis haben. Dabei zeigt sich, daß die Ereignisse selbst gar nicht so wichtig sind. Viel entscheidender ist, welche Deutung wir ihnen geben.
Was kann allein schon ein Händedruck alles bedeuten! Beiläufige Begrüßung, erleichterter Abschied, emphatische Zustimmung, innerste Gemeinsamkeit, Liebe und vieles andere. Auf die Deutung kommt es an. Und das gilt von fast allem, was wir Tag für Tag erleben bis hin zu den tiefgreifendsten und unser Leben prägenden Entscheidungen und Erlebnissen.
Wer freut sich zum Beispiel schon, wenn es ihm schlecht

geht? Paulus dagegen kann sagen: „Deshalb freue ich mich über die Leiden, die ich für euch trage." Petrus schreibt an seine Gemeinde: „Handelt ihr recht und müßt dafür leiden und ertragt es, so ist das Gnade." Und Christus selbst sagt: „Mit Sehnsucht habe ich danach verlangt, dieses Mahl mit euch zu feiern." Und er sagte dies, obwohl er wußte, daß es sein Abschiedsmahl sein würde, und er danach hingerichtet würde.

Wer so sprechen kann, der steht über den Dingen. Nicht weltfremd, aber überlegen. Da kann man sagen, der Glaube ist „der Sieg, der die Welt überwindet", die Welt mit den Überraschungen und Nöten, die sie für uns bereit hält.

Von uns wird kaum verlangt, daß wir Verfolgungen, Leiden und Tod auf uns nehmen. Aber auch uns kann es schlecht genug gehen. Wir werden von Unglück und Krankheiten heimgesucht, Pech im Beruf, Ärger mit den Angehörigen, es wird uns Unrecht getan, und wir werden schlecht behandelt. Manchmal könnte man verzweifeln, weil es so unsinnig ist, was alles passiert. Aber wir haben die Macht, den Sinn der Ereignisse zu ändern. Was sinnlos erscheint, bekommt seinen Wert, wenn wir unser Leid verstehen als Beitrag zum Leiden Christi. Er hat dadurch die Welt erlöst.

Jeder ist wichtig

Ich habe jahrelang einen Motorroller gefahren, ein uraltes Modell, aber robust und zuverlässig. Gegen Ende seines Lebens wurde er allerdings etwas anfällig und unberechenbar. Einmal war ich unterwegs auf der Autobahn, plötzlich stotterte der Motor, lief wieder, setzte aus und stand still. Durch nichts mehr zu bewegen anzuspringen. Ich versuchte alles: Benzin, Zündkerze, Lichtmaschine: alles in Ordnung. Aber der Motor lief nicht. Ich stellte

mich an den Rand und winkte, bis ein freundlicher Zeitgenosse anhielt und bereit war, mich abzuschleppen. Er brachte mich bis zu einer Reparaturwerkstatt; die aber war geschlossen. Samstagabend. Nichts zu machen. Schließlich ließ sich der Besitzer, der gerade aus seinem samstäglichen Bad kam, erweichen. Er wollte mir wenigstens raten, was ich tun sollte. Schmutzig machen würde er sich nicht mehr. Nun, ich brauche Ihnen nicht zu erzählen, was wir alles probierten. Schließlich baute ich den Vergaser aus, blies ihn durch, baute ihn wieder ein – und der Motor lief. Gleichmäßig und freundlich, als ob nichts gewesen wäre. Schmutzig bis über die Ohren fuhr ich weiter. Was war schuld an der Panne gewesen? Ein Sandkorn im Vergaser. Das war alles. Die kleinste Ursache kann den größten Schaden hervorrufen.
Das gilt aber auch umgekehrt. Mit einem Knopfdruck bewegen wir ungeheure Massen. Ein leichter Druck aufs Gaspedal hat die Wirkung von 50 oder 100 Pferdestärken. So ist das bei unserer Technik: Jeder Teil, und sei er noch so klein, muß funktionieren, damit das Ganze funktioniert.
Wie ist das bei uns Menschen? Da ist es scheinbar ganz anders. Der einzelne hat keine Bedeutung für das Ganze. Wie im Ameisenhaufen. Wenn da eine Ameise ausfällt, ist das belanglos. Wenn zehn oder hundert ausfallen, ist das immer noch nicht zu merken. Das einzelne Tier erscheint nahezu bedeutungslos. Erst die Menge macht es. Ist das bei uns nicht auch so? In manchen Bereichen gewiß. Einer erreicht nichts, fünf erreichen schon etwas; fünfzig erreichen fast alles. Aber das ist doch nicht das typisch Menschliche! Das sind mehr die Gesetze des Ameisenhaufens. Da gefällt es mir schon besser, wie der Apostel Paulus die menschliche Gemeinschaft beschreibt. Er vergleicht die Gemeinschaft der Gläubigen mit einem lebendigen Organismus. Er nennt ihn den Leib Christi, an dem die Christen die einzelnen Glieder sind. Und bei einem Orga-

nismus wie unserem Leib kommt es eben auf jedes Glied an. Wenn ich mir in den kleinen Finger schneide und Schmerzen habe, oder wenn ich mir den Magen verdorben habe, so kann das meine ganze Aktivität lähmen. „Wenn ein Glied leidet, so leiden alle Glieder mit, und wenn ein Glied ausgezeichnet ist, so haben alle an seinem Wohlsein teil“, so schreibt Paulus (1 Kor 12,26). Es kommt eben doch auf jeden einzelnen an. Gewiß sind die Aufgaben verschieden. Manche Menschen sind an ihrer Stelle so wichtig, daß man sich gar nicht vorstellen kann, wie es ohne sie gehen sollte. Bei anderen denkt man vielleicht manchmal: Der stört doch nur; ohne ihn ginge es viel besser. Aber der Schein trügt: Jeder hat seine Aufgabe am Ganzen, die durch nichts und niemanden ersetzt werden kann. Das macht unsere Würde aus. Denn wir sind eben nicht wie Ameisen, wo eine so gut wie die andere ist und jederzeit ersetzt werden kann. Das bedeutet aber auch unsere Verantwortung. Denn wenn wir unsere Aufgabe nicht erfüllen, bleibt sie unerfüllt. Und da mag es noch so unbedeutend sein, was wir tun, wenn wir unseren Teil nicht beitragen, so können wir das Sandkorn sein, das den Vergaser verstopft und die ganze Maschine zum Stehen bringt.

Menschsein – Leben zwischen Größe und Grenze

Mit Leib und Seele Mensch sein

Vor einiger Zeit sagte mir eine junge Frau: Das Schönste am christlichen Glauben ist eigentlich, daß man auf ein Leben nach dem Tod hoffen kann, wo man endlich nicht mehr einen Körper mit sich herumschleppen muß, sondern rein geistig leben kann. Ich mußte sie da enttäuschen und versuchte, ihr klar zu machen, daß nach christlicher Überzeugung zum jenseitigen Leben gerade das leibliche Leben dazugehöre, wenn auch in einer uns unvorstellbaren Form. Dabei hatte sie gar keinen Grund, ihren Körper gering einzuschätzen. Sie war gesund und sah gut aus. Aber offenbar empfand sie stärker als andere, daß der eigene Körper uns recht lästig sein kann. Dauernd will er etwas, man muß sich um ihn kümmern, er braucht Platz und beansprucht Zeit, und dann wird er auch noch krank. Es wäre ganz schön, manchmal Urlaub von seinem Körper zu haben.

Viel häufiger trifft man allerdings auf Menschen, die an so etwas nie denken, die vielmehr ganz für ihren Körper zu leben scheinen. Nichts gegen Schönheitspflege, aber wenn sie zum einzigen Lebensinhalt wird, so ist das doch sehr dürftig. Nichts gegen Sportlerbeine, aber wenn man beginnt, den Wert des Menschen nach der Kraft seiner Muskeln zu bemessen, dann wird es unmenschlich. Der Körper allein ist eben nicht alles. Die Tiere haben es leichter. Es gibt Stunden, wo wir sie beneiden, weil sie nichts anderes zu tun haben, als ihren Körper am Leben zu erhalten und sich fortzupflanzen. Uns aber bleibt nichts anderes übrig, als so zu leben, wie wir sind, mit Körper und Geist.

Und ich finde das eigentlich sehr schön so. Wir sind verwandt mit der Erde. Wir ernähren uns von ihr und gehören zu ihr. Und doch sind wir nicht einfach nur ein Stück Materie. Wir sind unverwechselbar wir selbst und wissen das. Unser Geist braucht den Körper, um tätig zu werden, um sich zu äußern. Wir können nichts denken, nichts sprechen, nichts erkennen und nichts ins Werk setzen ohne Hilfe des Körpers. Der Körper braucht den Geist, der ihn erst zum menschlichen Leib macht und ohne den er ein wertloses Stück Materie wäre. So sind Körper und Geist nicht zwei Teile, die man auseinandernehmen könnte, sondern sie bilden ein Ganzes, eben den Menschen. Wenn wir also als Menschen leben wollen, so müssen wir versuchen, die rechte Harmonie zwischen Leib und Seele zu finden. Daß dies kein bedauerlicher Zustand ist, wird uns vom christlichen Glauben bestätigt. Da erfahren wir, daß Gott selbst Mensch geworden ist; daß Christus einen menschlichen Leib angenommen hat und nun als Mensch mit Leib und Seele lebt. Wenn Gott das tut, wenn sich diese menschliche Lebensform mit der göttlichen vereinbaren läßt, dann kann sie so schlecht nicht sein. Und doch machen wir die Erfahrung, daß es gar nicht so leicht ist, mit Körper und Geist zu leben. Wie oft stört der Körper den Geist. Wir haben Schmerzen und können nicht recht denken. Wir werden müde und können uns nicht konzentrieren, wir werden alt und können uns an nichts mehr erinnern. Wie oft stört auch der Geist den Körper. Was beim Tier mit sicherem Instinkt geregelt wird, können wir mit unserem Verstand gehörig in Unordnung bringen. Es ist nicht so leicht, als Mensch zu leben. Und da sagt uns der christliche Glaube: Es wartet ein Leben auf uns, in dem alle diese Beschränkungen fallen, wo wir wirklich als Menschen leben können mit Leib und Seele. Ich freue mich darauf.

Ganz in Gemeinschaft und doch ich selbst

Das Drama „Geschlossene Gesellschaft" von Jean-Paul Sartre gipfelt in dem Satz: „Die Hölle, das sind die anderen". Die anderen, die uns und denen wir das Leben zur Hölle machen. Ein harter Satz, aber seine Richtigkeit kommt uns täglich zu Bewußtsein. Die anderen mit plärrenden Radios im überfüllten Schwimmbad; die anderen, die ständig ihre Ellenbogen gebrauchen und sich mit Erfolg vordrängen, wenn ich selbst schon längst an der Reihe wäre; die anderen, die immer schon da sind, wohin ich mich auch zurückziehe, um meine Ruhe zu haben; die anderen, die dauernd in der oberen Etage Stühle rücken und Radau machen, so daß ich nicht schlafen kann; die anderen zu Hause, die schuld daran sind, daß ich mich nie zuhause fühle. Man könnte Robinson Crusoe auf seiner einsamen Insel beneiden.

Kann man ihn wirklich beneiden? Wie geht es uns denn, wenn wir ganz allein sind, lange Zeit, wenn wir mit niemandem sprechen können, wenn keiner zu Besuch kommt? Dann zieht es uns wieder zu den Menschen, wir haben Sehnsucht nach anderen und suchen Gemeinschaft. Offenbar gehört beides zum Menschen. Vom ersten bis zum letzten Tag unseres Lebens sind wir angewiesen auf andere. Was wir essen und was wir anziehen, was wir gelernt haben und wie wir denken, wie wir empfinden und sprechen – nichts haben wir allein aus uns, alles wird uns von anderen vermittelt. Wir können nicht alleine leben. Und doch haben wir das Bedürfnis, ganz wir selbst sein zu können, unabhängig und frei. Wir wollen unser Leben selbst gestalten und nicht dauernd Rücksicht nehmen müssen auf die anderen. So haben wir auf der einen Seite den Wunsch nach Privatleben, nach ungestörter Selbstentfaltung und Unabhängigkeit. Auf der anderen Seite das Bedürfnis nach Gemeinschaft, die Sehnsucht nach menschlicher Nähe: Wir sind angewiesen auf die Hilfe anderer. Zwischen beiden zieht es uns hin und her, und meistens können wir nicht einmal selbst bestimmen, welcher Seite wir den Vorzug geben, sondern müssen uns mit der Situation abfinden, in die wir hineingestellt werden. Wie soll man da zur Ruhe kommen, wie soll man zufrieden werden?

Ich möchte Ihnen dazu zwei Sätze aus der Hl. Schrift nennen. Der erste stammt von Paulus und heißt: „Wie wir an dem einen Leib viele Glieder haben, aber nicht alle Glieder den gleichen Dienst verrichten, so sind wir viele ein Leib in Christus, einzeln aber sind wir untereinander Glieder, ausgestattet mit Gaben, die je nach der uns verliehenen Gnade verschieden sind" (Röm 12,4 f).

Der zweite Satz steht in der Offenbarung des Johannes: „Wer siegt, dem werde ich ... einen weißen Stein geben, und auf dem Stein steht ein neuer Name, den nur der kennt, der ihn empfängt." (Offb 2,17). Was soll das bedeuten? Einerseits gehören wir so eng zusammen, daß wir wie Glieder an einem Leib sind, wo kein Glied ohne das andere leben kann. Andererseits bedeutet das aber nicht, daß wir deswegen nicht mehr eigenständige Personen wären. Wir sollen vielmehr einen neuen Namen bekommen, den kein anderer kennt, der nie mehr vorkommt, unverwechselbar, unersetzbar. So ist der Mensch gedacht: Ganz in Gemeinschaft und doch ganz er selbst. Manchmal kann man das schon spüren. Zeitweise gelingt es uns, so zu leben. Es wird schön sein, wenn wir alle so sind.

Nicht die Leistung zählt

Ich habe neulich die Stellenangebote in einer Zeitung durchgesehen. Es waren hauptsächlich große Industrieunternehmen, die da Mitarbeiter suchten. Und beeindrukkend war es, welche Eigenschaften die Bewerber aufweisen sollten. Neben guter Allgemeinbildung und möglichst fließenden Sprachkenntnissen, zumindest in Englisch, sollten sie erfahren und dynamisch sein, jung und anpassungsfähig, qualifiziert in ihrem Fach und mit sicheren Umgangsformen, aktiv und einfallsreich. Zweifellos ist es richtig, daß man für Führungspositionen in großen Betrieben Leute mit vielseitigen Fähigkeiten sucht. Erstaunlich finde ich es, daß es offenbar genügend Menschen gibt, die der Meinung sind, alle diese geforderten Eigenschaften zu besitzen. Bedrückend aber muß es für jemanden sein, der weiß, daß er diese Qualitäten nicht aufweist, daß er nicht zur Elite gehört. Wer sucht schon einen schwächlichen Menschen mit mangelhafter Intelligenz, mit geringer Leistungsfähigkeit und ohne Erfahrung? Und doch besteht die Menschheit nicht aus lauter Prachtexemplaren. Wer fragt nach denen, die nicht dazu gehören, wer hat Verwendung für sie? Wir kommen alle früher oder später in die Lage, daß man uns nicht mehr recht brauchen kann. Wir werden alt oder krank; wir können eines Tages nicht mehr umlernen und kommen mit dem Tempo der Zeit nicht mehr mit. Der Teil unseres Lebens, wo wir aktiv und leistungsfähig sind, ist nicht sehr groß. Welchen Sinn hat der Rest des Lebens? Welchen Sinn hat das Leben eines Menschen, der von Kind auf krank ist und gebrechlich, der anderen zur Last fällt und nichts leisten kann? Auch das sind Menschen, auch sie wollen eine Aufgabe erfüllen und wollen wissen, wozu sie da sind. Wenn wir nur die Leistungsfähigkeit zum Maßstab für den Menschen machen, so ist die Konsequenz, daß viele Menschen von vornherein nicht viel wert sind und daß wir alle während langer Perioden unseres Lebens keinen großen Wert haben. Die Leistungsfähigkeit ist eben nicht der richtige Maßstab.

Betrachten wir Christus. Er hat viel geleistet. Er hat gepredigt und Wunder gewirkt, Kranke geheilt und mit seinen Gegnern gestritten, er hat lange Fußmärsche gemacht, Hunger und Durst ertragen. Er hat viel geleistet, aber davon haben wir nicht viel profitiert. Geholfen hat er uns durch sein Leiden und seinen Tod. Seine größte Leistung sah aus wie größte Ohnmacht, Schwäche und Passivität. Christus hat gezeigt, welche Möglichkeiten der Mensch hat, was der Mensch ist, was in ihm steckt. Dann bedeutet sein Tod am Kreuz, daß man in der scheinbaren Passivität höchst aktiv sein kann, daß Leiden zu unserer bedeutendsten Tat werden kann. Das müssen wir den alten Leuten sagen, und denen, die krank sind. Sie gehören nicht zum alten Eisen, sind nicht auf das Abstellgleis geschoben, sondern sie haben eine große Aufgabe. Sie müssen sich nur dazu entschließen, das, was sie zu ertragen haben, als ihren Beitrag für andere anzunehmen, als ihre Möglichkeit, durch das Leiden mit Christus den Menschen zu helfen. Von alleine geht das allerdings nicht; das muß man üben. Das müssen wir alle üben, um es zu können, wenn es darauf ankommt. Dann ist aber auch nicht eine Minute unseres Lebens verloren oder unnütz, denn vor Gott zählt nicht die Leistung, sondern der Wille, für andere da zu sein, durch Handeln oder durch Leiden.

Stärke und Schwäche des Menschen

Merkwürdig, wie nahe beieinander Schwäche und Stärke oft sein können. Der berühmte und umschwärmte Professor zum Beispiel entwickelt plötzlich ganz kleinkarierte persönliche Empfindlichkeiten. Der harte Geschäftsmann und gefürchtete Chef läßt sich zu Hause von seiner Frau nach Strich und Faden abkanzeln und sagt kein Wort. Der routinierte Arzt stellt sich an wie ein kleines Kind, wenn er selbst ein Spritze bekommen soll. Die Gegensätze liegen nicht weit auseinander. Je mehr einer hervorragt, um so gefährdeter ist er. Von der Größe zur Lächerlichkeit ist es nur ein Schritt. Es mag etwas enttäuschend sein, wenn man feststellt, daß auch die ganz Großen kleinlich und kümmerlich sein können. Daß sich Stärke oft mit Schwä-

che paart. Es ist aber vielleicht auch ganz tröstlich, wenn man sieht, daß alle Menschen nur mit Wasser kochen. Gerade unsere starken Seiten sind oft genug zugleich unsere schwächsten.
Aber das gilt auch umgekehrt. Wo wir meinen, völlig zu versagen, entsteht manchmal unerwartet etwas ganz Großes. Ich denke da zum Beispiel an den Pfarrer von Ars in Frankreich. Er hat wirklich nicht viel gekonnt. Das Lernen ist ihm äußerst schwer gefallen. Er konnte nicht gut reden, und sein Gedächtnis ließ ihn dauernd im Stich. Und was geschah? Seine schäbige Dorfkirche wurde das Ziel ganzer Heerscharen von Besuchern. Es mußten Sonderzüge und eigene Postverbindungen eingerichtet werden, um die Menschen nach Ars zu bringen. Schließlich kamen achtzig- bis hunderttausend im Jahr. Und warum? Um diesen einfältigen Pfarrer zu sehen und ihm ihre Nöte zu offenbaren. Wie soll man das erklären? Ich weiß nur eine Erklärung: Sie steht in der Hl. Schrift in einem der Briefe des Apostels Paulus. Da schreibt er: „In unserer Schwäche kommt Gottes Kraft zur Vollendung". Offenbar ist menschliche Größe gar nicht abhängig von großartigen Fähigkeiten oder Kenntnissen. Menschliche Größe entsteht vielmehr da, wo einer in aller Bescheidenheit das Seine tut, zuverlässig und ohne viel Aufsehen zu machen. Ich glaube, wir werden einmal staunen, wenn wir erfahren, wer die wirklich großen Menschen unserer Zeit gewesen sind. Vielleicht haben wir ihre Namen nie gehört. „Gott hat das Schwache erwählt, um das Starke zu beschämen", das steht auch in der Bibel. Das ist eine Antwort auf unsere Zweifel, wenn wir nicht recht wissen, wozu unsere Arbeit, unser Leben eigentlich gut sind.

Das Wesentliche bleibt

Manche Menschen haben die unangenehme Gewohnheit, andere schätzen zu lassen, wie alt sie sind. Ich lasse mich nicht gern dazu auffordern. Einmal kann ich nicht gut schätzen, und zum anderen hat es keiner gern, wenn man sein Alter richtig schätzt. Ein zehnjähriger Junge freut sich, wenn man ihn für zwölf hält, eine Fünfzehnjährige ist geschmeichelt, wenn man sie auf siebzehn schätzt. Aber dann ändert sich das, eine Fünfundzwanzigjährige möchte auch noch gern für zwanzig taxiert werden, und wenn man einer Frau Mitte Dreißig sagt, wie sähe aus wie fünfundzwanzig, so ist sie begeistert; sagt man einem Mann dasselbe, ist er womöglich beleidigt. Selbst bei ganz alten Leuten findet man manchmal den Ehrgeiz, für zehn oder zwanzig Jahre jünger gehalten zu werden. Sie sind dann allerdings auch wieder stolz auf ihr Alter, sobald sie den erwünschten Irrtum aufgeklärt haben. Eine merkwürdige Sache: Warum wollen wir eigentlich nicht so alt aussehen, wie wir sind? Warum wollen wir erst recht nicht älter wirken, als wir sind? Ist Altsein etwas Schlechtes? Nun, in gewisser Hinsicht sicher. Betrachten wir die Kurve unseres Lebens. Erst rapides Wachstum, Entfaltung nach allen Richtungen, unermüdliche Aktivität. Doch bald schon läßt das nach. Noch vor seinem dreißigsten Lebensjahr, so heißt es, hat der Mensch seinen Höhepunkt überschritten. Die Aufnahmefähigkeit läßt nach, die körperliche Leistungsfähigkeit kann sich nicht mehr steigern, die ersten Abnützungserscheinungen setzen ein, das Haar wird dünner, die Muskeln langsam schlaff, und immer schneller zeigen sich die Spuren des Verfalls am Körper, bis er schließlich ausgelaugt, vertrocknet und verknöchert, spröde und lebensunfähig stirbt. Ist das der Mensch? Sieht so unsere Entwicklung aus? Das kann doch nicht alles sein. Das ist auch nicht alles. Eine zweite Entwicklungskurve läuft neben der ersten her. Erst unbemerkt, langsam

ansteigend, doch bald immer deutlicher das Leben beherrschend: unsere geistige Entwicklung. Wenn der Körper längst schon begonnen hat zu altern, entwickelt sich das innere Leben, die Entfaltung der Persönlichkeit immer noch weiter. Es gibt sicher Einsichten und Haltungen, die man erst als alter Mensch erwerben kann: Die Frucht von Erfahrungen, die man nicht nur über sich hat ergehen lassen, sondern die man angenommen, verarbeitet und gemeistert hat. Der weise, alte Mensch – oft wird er belächelt, aber er gibt das Lächeln zurück; es kann ihm nichts anhaben. In den meisten Hochkulturen wurden die Alten besonders hoch geehrt; bei uns hat man nicht diesen Eindruck. Ist das nicht ein Zeichen dafür, daß unserer Zeit das Empfinden für wesentliche Werte des Menschen verloren zu gehen droht? Wir hätten uns selbst einen schlechten Dienst getan, wenn wir nur auf das Wert legten, was die Jugend auszeichnet; das geht schnell vorbei und ist nicht das Wichtigste.
Am schönsten wäre es natürlich, wenn man weise sein könnte, ohne alt zu werden. Aber das geht leider nicht. Oder doch? Wir haben die Hoffnung, daß das, wozu wir uns entwickeln, die volle reife Persönlichkeit, durch den Tod hindurch bleibt. Dann werden wir erst richtig leben: weise, doch ohne zu altern.

Das Ende ist Vollendung

Zu meinen Jugenderinnerungen gehört auch die seltsame Mischung von Freude und Traurigkeit beim Betrachten der Wunderkerzen. Schwarze Stäbchen, die man mit einem Streichholz entzündet, und dann sprühen sie leuchtende Sterne. Man kann damit Feuerkreise in die Luft schreiben oder sie einfach in der Hand halten und die faszinierende Vielfalt der Formen betrachten, die von dem weißglühenden Mittelpunkt als Feuersterne herausspritzzen. Doch unaufhaltsam brennt das Stäbchen ab, noch ein Zentimeter, noch wenige Millimeter, dann ist es zu Ende. Es glüht noch ein bißchen und ist endgültig aus. Was übrig bleibt, ist unschön und wertlos. Ein trauriger Anblick. Schade, daß die meisten schönen Dinge so zu Ende gehen. Doch glücklicherweise tun sie es nicht alle. Es gibt ja auch ein Ende, das eigentlich mehr die Form des Anfangs hat. Ein Samenkorn zum Beispiel, dessen Ende der Anfang einer neuen Pflanze ist; eine Raupe, deren Ende der Anfang eines Schmetterlingslebens ist. Das ist eine schöne Form zu enden. Bei näherem Zusehen ist eigentlich alles Enden von Lebendigem so, daß man es gar nicht als wirkliches Ende bezeichnen kann. Natürlich erweckt es den Eindruck. Ein gefällter Baum, der hilflos daliegt, wie trauernd um seine gebrochene Majestät, ein verendetes Tier, das alles scheint tot. Endgültig tot. Aber wenn man die Jahre in einem Film auf wenige Minuten zusammenraffen könnte, so würde man es anders sehen: Das Leben ist ein ständig weiterströmender Fluß. Das Ende des einen ist der Anfang des neuen. Das Leben bleibt.

Wie ist das eigentlich bei uns Menschen? Wir teilen ja das Schicksal alles dessen, was uns in der Natur umgibt. Auch jede Form von Ende. Wie die Wunderkerze brennt unser Leben ab, strahlend und schön, wenn wir Glück haben, oder auch nur schwach glimmend, ständig am Verlöschen. In jedem Falle endet es genauso unerbittlich, und was übrig bleibt, ist schließlich auch unschön und wertlos. Aber auch das Ende des Lebendigen, das die Verheißung des neuen Anfangs in sich trägt, gehört zu uns. Auch wir stehen im Strom des Lebens. Wir leben weiter in der Menschheit, die lebt, in unseren Nachkommen und Werken. Das kann das Sterben vielleicht erleichtern. Aber das ist noch nicht alles. Der Mensch vereinigt in sich nicht nur die Eigenschaften der Natur, aus der er stammt. Nicht nur, was unter ihm ist, sondern auch, was über ihm ist, verbirgt sich in ihm. Wir haben es immer schon geahnt, als Sehnsucht ist es in allen Menschen lebendig: Der Wunsch, es müsse ein Leben geben, das nicht endet. Eine Wunderkerze, die immer weiter brennt, immer neu, immer lebendig. Ein Leben, das nicht altert und verfällt, nicht neuem Platz zu machen braucht, sondern bleibt. Dieser Wunsch ist Wirklichkeit. Christus lebt und stirbt nicht mehr. Der Tod ist besiegt und verwandelt. So verkünden es die Boten des Christentums. Wenn das stimmt, dann gibt es auch für uns kein Ende mehr, obwohl wir jede Form von Ende erleben, durchleben. Unser Ende ist Vollendung.

Geschaffen zum Du

Worum geht es mir letztlich?

Muß das sein, morgens in aller Frühe aufstehen? Vielleicht fragen Sie sich das auch manchmal, nach einem schönen Wochenende, nach einem gelungenen Urlaub? Muß das sein, was mich da heute alles erwartet? Gewiß gibt es auch Tage, die leicht und hoffnungsvoll beginnen. Aber es gibt eben auch andere. Da können sich auch weitergehende Fragen aufdrängen. Wozu überhaupt das Ganze, Woche für Woche, Jahr für Jahr! Ist das mein Leben; war es das schon? Vielleicht verbieten Sie sich solche Fragen. Das bringt nichts, nach dem Sinn meines Lebens zu fragen. Es ändert sich ja doch nichts.
Ich möchte Ihnen gewiß nicht die Stimmung verderben. Aber ich denke, daß es schon gut ist, sich gelegentlich auch den unbequemen Fragen zu stellen. Bin ich eigentlich auf der richtigen Spur? Ist mein Leben so, daß ich sagen kann: Es ist gut; es geht mir gut? Wie oft werde ich danach gefragt: Wie geht es dir? Wenn ich die Frage ernst nehme, ist es gar nicht so einfach, darauf zu antworten. Wie geht es mir wirklich? Was ist aus den Vorstellungen geworden, die ich mir für mein Leben gemacht habe? Was hat sich verwirklichen lassen, was ist anders geworden, was ist auf der Strecke geblieben? Wenn ich nach dem Konzept meines Lebens gefragt werde, fällt mir die Antwort gar nicht leicht. Worum geht es mir letztlich? Will ich leben, einfach um zu leben? Mein Leben genießen? Oder ist es eher mein Lebensziel, meine Pflichten zu erfüllen, angesehen zu sein, meine Ruhe zu haben?
Ich persönlich könnte mich mit keiner dieser Antworten zufrieden geben. Denn ich spüre, daß mein Leben eigentlich dann erst schön ist, wenn ich in wohltuenden, tragfä-

higen Beziehungen zu anderen Menschen leben kann; wenn ich das Gefühl habe: Es gibt Menschen, für die es nicht gleichgültig ist, ob ich da bin oder nicht. Und es gibt Menschen, an denen mir viel liegt, so daß mir das Herz warm wird, wenn ich an sie denke. Natürlich brauche ich auch die anderen Dinge zum Leben, meine Wohnung, mein Arbeit, etwas zum Essen und Trinken, meine Freizeit und was mir Spaß macht. Aber alles das reicht nicht; es wird langweilig und schal, wenn da nicht auch Menschen sind, mit denen ich mein Leben teilen kann. Und wenn ich zu wählen hätte, ob ich lieber mit allem Komfort, aber einsam leben wollte, oder nur mit dem Lebensnotwendigen, aber in guter Gemeinschaft, ich wüßte wohl, wofür ich mich entscheiden würde. Irgendwie steckt es uns im Blut: Leben kann ich nur, wenn ich geliebt werde und lieben kann.

Große Worte – vielleicht! Aber für mich ist es wichtig. Denn wenn ich mir diesen Sinn meines Lebens klar mache, ergeben sich Konsequenzen. Freundschaft ist wichtiger als beruflicher Erfolg. Menschen sind wichtiger als Sachen. Die sogenannten Sachzwänge sollen mich nicht zur Unmenschlichkeit verführen. Ich kann auch einmal Gnade vor Recht ergehen lassen, einfach um den anderen leben zu lassen und es ihm nicht unnötig schwer zu machen. Da ordnen sich auf einmal meine Prioritäten. Denn ich bin offenbar nicht dazu gemacht, mich nur um mich selbst zu drehen. Mein Leben wird erst schön, wenn ich mich anderen zuwende und ihre Zuwendung erfahre. In der Sprache meines Glaubens heißt das: Ich bin geschaffen zum Du und kann nur leben, wenn ich lerne, Gott zu lieben und meine Mitmenschen wie mich selbst.

Erlösung – geheilte Beziehung zu Gott und Mensch

Erinnern Sie sich an die Geschichte von Adam und Eva? Gleich am Anfang der Bibel wird da erzählt, daß Gott dem Menschen verbietet, die Früchte eines bestimmten Baumes zu essen, „denn“, so heißt es, „sobald du davon ißt, wirst du sterben“. Die Menschen aßen tatsächlich davon, so erzählt die Bibel, aber erstaunlicherweise starben sie trotzdem nicht. Ob Gott es sich anders überlegt hatte? Ob es ihm leid tat um den Menschen, die Krönung seines Schöpfungswerkes?

Wenn ich diesen bildhaften Text näher bedenke, habe ich den Eindruck, daß die Menschen doch gestorben sind, wenn auch nicht im äußeren, biologischen Sinn. Denn Leben bedeutet für den Menschen, in guten, tragfähigen Beziehungen leben. Es bedeutet geliebt werden und selbst lieben. Leben gibt es für den Menschen, wenn er mit sich selbst im Reinen ist, wenn er mit seinen Mitmenschen gut steht, wenn er zuhause ist in seiner Welt und wenn es ihm mit seinem Gott gut geht. Und das eben, so erzählt die Bibel, das alles verloren die Menschen durch ihre Sünde. Adam und Eva bekamen Angst vor Gott und versteckten sich vor ihm. Sie erkannten, daß sie nackt waren, bloßgestellt, bedürftig und schämten sich voreinander. Sie begannen einander die Schuld zuzuschieben. Und mit ihrer Umwelt gab es auch einen Bruch: Dornen und Disteln trägt der Ackerboden. Im Schweiße seines Angesichtes muß der Mann den Acker bestellen, und unter Schmerzen gebiert die Frau ihre Kinder.

Diese biblischen Geschichten erzählen von uns und unserem Leben. Sie erzählen davon, daß der Mensch tatsächlich so etwas wie einen Tod erlitten hat; Beziehungstod könnte man ihn nennen. Und darunter leiden wir immerfort. Angst vor Gott, Entfremdung vom Mitmenschen, eine feindliche Natur, ein tiefes Unzufriedensein und Zerrissensein in sich selbst: Ist das nicht, mehr oder weniger deutlich, die Erfahrung jedes Menschen? Unsere tägliche Erfahrung?

Was hat die Bibel dazu zu sagen? Muß das so sein oder gibt es Hoffnung auf neues Leben? Gott hat Mitleid mit seinen Menschen, so erzählt die Bibel. Er sucht nach ihnen: Adam, wo bist du? Und fängt mit ihm ein neues Gespräch an, obwohl sich Adam vor Gott versteckt hatte. Und Gott bekleidet Adam und Eva mit Fellröcken; so voreinander geschützt, können sie neu miteinander leben. Und Gott weist dem Menschen neu die Erde zu, wenn sie für ihn auch kein Paradies mehr ist. Aber immerhin kann er davon leben.

Nicht der Beziehungstod ist das letzte, sondern die Ermöglichung neuer Beziehung, wenn auch unter erschwerten Bedingungen.

Es ist die Geschichte meines Lebens, die da in der Bibel erzählt wird. Und da es meine Geschichte ist, kann ich darin auch mitspielen und ihren weiteren Verlauf beeinflussen. Was die Bibel unter Sünde versteht, ist eigentlich immer eine schuldhafte Beziehungsstörung: Ich verstehe mich mit meinen Mitmenschen nicht mehr; ich habe für Gott nichts mehr übrig; ich gehe schlecht mit meiner Umwelt um; ich säge mir selbst den Ast ab, auf dem ich sitze. Sünde steht immer gegen das Leben. Sie ist Verrat an der Liebe, zu der ich eigentlich fähig bin. Und wo es mir gelingt, diese Trennung zu überwinden, mit Gott und Welt, mit anderen Menschen wieder in gute, angstfreie Beziehung zu kommen, da kann ich leben und bin erlöst. Die christliche Botschaft sagt: Dazu kam Gottes Sohn, Jesus Christus zu uns, um uns vom Tod zu erlösen und uns zu zeigen, wie menschliches Leben geht: In geheilter Beziehung zu Gott und Welt, zum anderen Menschen und zu mir selbst.

Angenommen sein

Denken Sie auch manchmal, wenn Sie in den Spiegel schauen: Was kommt mir da für ein Gesicht entgegen! Besser nicht so genau hinsehen; sonst könnte ich gleich zu grübeln anfangen.

Es gibt Tage, da kann ich mich selbst nicht recht leiden. Überdeutlich stehen mir meine Mängel vor Augen, die Spuren der Müdigkeit, Zeichen des Alters, tief eingegrabene Furchen im Gesicht, Erinnerungen an schwere Zeiten und Momente, Zeiten voll Last, Mühe und Schuld. Mein Gesicht zeigt mir wohl, daß mein Leben kein unbeschriebenes Blatt mehr ist. Es zeigt mir auch, daß das einmal Eingeschriebene nicht mehr ausradiert wird.

An solchen Tagen muß ich achtgeben. Leicht kann es passieren, daß der erste beste, der mir begegnet, meinen Unmut abkriegt. Unleidlich bin ich, wenn ich mich selbst nicht leiden kann. Und kann mir's dann auch nicht recht vorstellen, daß es einen Menschen gibt, der mich noch mag. Wie gut, wenn ich so jemand habe. Einen Menschen, der mich auch dann annimmt, wenn ich mich selbst nicht mag; der sich von meinem zerknitterten, mürrischen Gesicht nicht erschrecken läßt. Wie gut, wenn ich jemand habe, der mir Zeit läßt, die Welt auch wieder mit freundlicheren Augen zu betrachten und der mir vielleicht sogar ganz vorsichtig ein wenig dabei hilft, auch dann, wenn ich mich noch nicht gleich darauf einlassen kann und noch ein wenig in meinem Schmollwinkel festhänge.

Für mich sind solche Erfahrungen eine wichtige Brücke. Sie helfen mir, eher mit den lebenzerstörenden Gefühlen fertig zu werden, die mich manchmal überfallen: Keiner mag mich; niemand ist da, der nach mir schaut. Wenn mir dann Menschen in den Sinn kommen, die mich in ihrer Liebe tragen, so finde ich auch leichter den Zugang zu den großen Glaubensworten: Du bist geliebt, so wie du bist. Der, auf den es letztlich ankommt, nimmt dich an. Gott

hat ja zu dir gesagt. Ob daraus wohl auch ein kleines Morgengebet werden kann, in welchem ich mit behutsamen Worten Gott dafür danke, daß er mich mag, auch wenn ich selbst mich nicht mag; daß er mich freundlich anschaut, auch wenn ich mein eigenes Gesicht nicht sehen mag? Und so wird es dann auch möglich, mein Leben mit anderen Augen anzuschauen, mit seinen Augen.
Ich entdecke wieder die guten Seiten meiner Wirklichkeit und finde in meinem Gesicht auch die Spuren der Freude, der Zufriedenheit und der Kraft.
Es ist ein guter Start in den Tag, wenn mir klar wird: Du darfst leben, so wie du bist mit deiner Lebensgeschichte, deinen Eigenschaften und Veranlagungen. Auch mit deinen Fehlern und mit deiner Schuld. Du darfst leben mit deinen Erfolgen und Mißerfolgen. Denn Gott hat zu dir ja gesagt, und auf sein Urteil kommt es letztlich an. Damit finde ich die Basis, die mir den Schritt in jeden neuen Tag ermöglicht. Es geht nicht darum, selbstzufrieden oder resigniert die Dinge halt zu lassen, wie sie sind. Sondern da ist noch ein Weg vor mir. Es gibt Zukunft und Hoffnung. Was noch nicht ist, kann noch werden. Ich darf so sein, wie ich bin; aber ich muß nicht so bleiben. Ich kann und soll heute ein wenig weiter hineinwachsen in die Form meines Lebens, zu der ich bestimmt bin. Und in dieser Hoffnung kann ich dann auch zu mir selbst ja sagen.

Freundschaft mit Gott

In diesem Jahr gab es ja nun so manche Klage über verregnete Ferien. Halb im Spaß, halb im Ernst bekam ich gelegentlich zu hören: Du hast doch gute Beziehungen zum Himmel; kannst du nicht mal dafür sorgen, daß wir ein anständiges Wetter bekommen?
Ja, schön wäre es, wenn ich, nur weil ich Priester bin, auch schon gute Beziehungen zum Himmel hätte. Und im

Ernst: Mir liegt sehr viel daran. Nicht so sehr, weil ich Priester bin, sondern weil ich glaube, daß das Gelingen oder Mißlingen meines Lebens von meiner Beziehung zu Gott abhängt. Und ich glaube, daß das für jeden Menschen gilt.
Eine gute Beziehung zu Gott: Was ist damit gemeint; wie kann das aussehen? Als Vergleich dient mir die Freundschaft mit einem Menschen. Wenn da eine intensive Beziehung wächst, dann weiß man voneinander. Es wird mir wichtig, was den anderen interessiert, wie er denkt und empfindet. Ich teile ihm mit, was mir Freude macht und was mir weh tut. Ich versuche, seine Gedanken und Wünsche zu erraten, und es macht mir Freude, wenn ich ihm eine Freude machen kann. Vielleicht wächst dann das Gespür füreinander soweit, daß ich es auch auf große Entfernung hin irgendwie mitbekomme, ob es dem geliebten Menschen gerade gut geht oder nicht. Und ebenso spüre ich sein liebevolles Interesse bei mir ankommen und mich tragen. So hinderlich dann auch der Abstand in Raum und Zeit sein mag, er ist keine unüberwindliche Kluft mehr. Man kann sich über alle äußere Trennung hinweg ganz nahe sein. Wie es ja leider auch umgekehrt gilt, daß Menschen äußerlich beieinander sein können und doch durch Welten voneinander getrennt sind.
Darf ich denn solche Erfahrungen auf Gott übertragen? Ich glaube, ja. Denn Gott ist doch auch jemand. Nicht irgend jemand, sondern der, der mir am nächsten ist. Wenn ich an Gott glaube, so gelten die Worte der Bibel, in denen er mir sagt: Mit ewiger Liebe habe ich dich geliebt. Ich kenne dich und freue mich über dich. Deine Gedanken sind mir vertraut. Du bist mir nicht fremd, denn ich habe dich geformt und jeden deiner Schritte begleitet. Wie ein Vater seinen Sohn trägt, so habe ich dich getragen, habe dich genährt und dich gehen gelehrt.
Was sind das für Worte? Bildhafte, gewiß, eben so, wie die Liebe sich immer in Bildern und Vergleichen ausspricht.

Aber Bildworte voller Realität. Wenn es Gott gibt, wenn er wirklich ein Gott für uns ist, dann sind das seine Worte, und sie gelten mir, jedem, der sie hört.
Das kann dann freilich nicht ohne Konsequenzen bleiben. Wie werde ich antworten? Für mich ist es wichtig geworden, mir jeden Tag Zeit zu nehmen für mein Leben mit Gott. Mir ist es wichtig geworden, Gott zu fragen: Wie geht es dir mit mir? Was sind deine Wünsche, deine Sorgen, deine Interessen? Gott antwortet mir nicht direkt, aber vieles kann ich doch schon durch die Bibel von ihm wissen und so mit ihm vertraut werden. Und dann kann ich gewiß vor Gott auch meine Anliegen aussprechen, alles, was mich bewegt. Wenn ich weiß, daß er mich wirklich liebt und sich für mich interessiert, so ist nichts in meinem Leben für ihn belanglos. Alles kann ich mit ihm besprechen, sogar das Wetter und den verregneten Sommer.
Ich wünsche Ihnen und mir eine solche gute Beziehung zum Himmel. Und ich bin überzeugt davon, daß Gott sich über jeden Menschen freut, der sein Leben mit ihm teilen möchte.

Mensch und Natur

Heute ist ein Tag, der für mich nicht völlig durch Termine „ausgebucht“ ist, an dem auch einmal Zeit für diese oder jene Unternehmung bleibt, für die es sonst meist nicht reicht.
Mir kommt dabei die Erinnerung an meinen Urlaub. Ferien, das bedeutet für mich auch immer, intensiveren Kontakt mit der Natur zu suchen, hautnah zu spüren, daß ich in einer Welt lebe, zu der ich mit Leib und Seele gehöre. Ich entdecke dann neu, was eigentlich zu meinem Leben gehört. Im Gras liegen, mit einem Hund toben, ein Pferd streicheln, in einem See schwimmen, Farben und Gerü-

che, Wärme und Wind. Oft spüre ich dann erst, wie weit entfernt von diesem natürlichen Leben ich in meinem Alltag bin. Zu dieser Erfahrung der Natur gehört freilich auch das Erschrecken vor ihrer Grausamkeit. Ich habe gesehen, wie eine Ameise eine Raupe überfiel und sie sich verzweifelt gegen den mörderischen Zugriff wehrte; wie eine Wespe eine Spinne tötete und wegtrug. Nein, es ist keine heile Welt, die da sichtbar wird, wenn man näher hinschaut. Dazu kommt der besorgte Blick auf kranke Bäume, die vorwurfsvoll ihre kahlen Äste zum Himmel strecken. Die Freude an der Natur ist nicht ungetrübt und fraglos.

Solche Beobachtungen lassen mich fragen, in welcher Beziehung ich eigentlich zu meiner Welt stehe, wie Mensch und Natur zueinander stehen. Es ist gewiß kein unproblematisches Verhältnis. Einerseits sind wir ein Teil der Natur, eingebunden in ihre Gesetzmäßigkeiten und Entwicklungen, andererseits stehen wir ihr gegenüber und bestimmen in einschneidender Weise ihr Leben. Ist es ein Kampf, in welchem der Mensch die Natur zerstört – und damit die Grundlage seines Lebens? Oder siegt die Natur, bäumt sich gleichsam auf und schüttelt durch Krankheit oder Katastrophe den Menschen ab, um wieder frei nach ihren Gesetzen zu wachsen? Für mich sind zur Deutung meiner Beziehung zur Natur die Aussagen der Bibel hilfreich. Da wird dem Menschen einerseits die Herrschaft über die Natur zugewiesen, und andererseits der Auftrag, sie zu pflegen und zu bebauen. Adam soll den Pflanzen und Tieren ihre Namen geben, das heißt ihre Bestimmung, ihren Sinn.

Aber darin liegt auch die Verpflichtung, die Pflanzen und Tiere ihrer Bestimmung gemäß zu behandeln, sie das sein zu lassen, was sie sind. Überdeutlich sagt die Bibel, daß die Herrschaft des Menschen über die Welt nichts mit Willkür zu tun hat. Gott ist der Schöpfer der Welt, und in seinem Sinn muß der Mensch seinen Auftrag an seiner

Welt erfüllen. Ich versuche, diese biblische Weisung in mein Leben zu übersetzen. Ich möchte den Kontakt mit den Pflanzen und Tieren suchen, die wohl für mich da sind, damit ich davon leben kann; die aber auch meiner Sorge anvertraut sind, damit sie leben können. Daraus könnte so etwas wie ein Gespräch werden. Die Frage an Pflanze und Tier: Wer bist du? Was hatte dein Schöpfer mit dir im Sinn? Vielleicht kann ich dann die geheimnisvolle Stimme der Schöpfung hören: Zum Lob Gottes sind wir da, Abbild seines Reichtums und seiner Schönheit, bestimmt, den Menschen zu erfreuen und ihn an seinen Schöpfer zu erinnern. Und unversehens könnte aus diesem Gespräch mit Pflanze und Tier ein Gebet werden, ein Dank an Gott, den Schöpfer.

All meine Wege sind dir vertraut

Wer hört mich?

Vor einigen Jahren ist mir folgendes passiert: Ich hatte mich in den Alpen auf einem großen Gletscher verlaufen und kam in die Dunkelheit. Eine Weile schien noch der Mond, dann war nichts mehr zu sehen. Rechts und links steile, unerreichbare Felswände, durch einen tiefen Graben vom Gletscher getrennt. Unter meinen Füßen der trügerische Boden des mit Gestein durchsetzten Eises, immer wieder zerrissen durch tiefe Spalten, und tief drunten das Rauschen des Gletscherwassers. Ein Gefühl grenzenloser Verlassenheit und Gefährdung befiel mich. Kilometerweit kein Mensch. Ich begann zu rufen, wider alle Hoffnung, und zurück kam nur das vielfältig gebrochene Echo meiner eigenen Stimme. Immer wieder hielt ich es für eine ferne Antwort und mußte dann doch enttäuscht erkennen: Es war meine Stimme.
Ist das nicht ein Bild für die Situation, in der wir uns immer wieder erleben? Wenn wir einmal eine Pause machen in der alltäglichen Geschäftigkeit und nachdenken: Wir tappen im Dunkeln, wir wissen nicht, wohin unser Leben führt. Der Boden, auf dem wir stehen, ist nur scheinbar stabil. Immer wieder zeigt sich in unerwarteten Ereignissen die Brüchigkeit der Grundlagen unseres Lebens. Das Gefühl der Einsamkeit und des Unverstandenseins befällt uns, selbst mitten im Gedränge der Menschen. Wir möchten um Hilfe rufen – aber zu wem? Ist nicht die vermeintliche Antwort von oben nur das Echo der eigenen Stimme? Ist es nicht die Illusion, es möchte Wirklichkeit sein, was man sich sehnlichst wünscht? An wen können wir uns denn wenden, wenn wir allein sind? Wer hört uns in unserer Verzweiflung?

Es ist die gleiche Erfahrung, die den Verfasser des 22. Psalmes vor dreitausend Jahren zu dem verzweifelten Ausruf bewegte: „Mein Gott, mein Gott, warum hast du mich verlassen? Warum bist du fern meinem Flehen, dem Ruf meiner Klage! Ich rufe am Tage, o Gott, und du hörst nicht; ich rufe in der Nacht, und du hast für mich keine Antwort." Und dann – gegen sein Gefühl – beteuert er seine Überzeugung: „Und dennoch bist du der Heilige, der in den Preisungen Israels wohnt. Auf dich haben unsere Väter gehofft, sie hofften, und wurden gerettet, sie vertrauten auf dich und wurden nimmer zuschanden."

Das ist die Antwort des gläubigen Menschen, der in seiner Verlassenheit, in der Erfahrung der Gottferne, doch weiß: Gott ist da; er wird mich hören!

Eine Überzeugung, für die es kaum einmal wirkliche Erfahrungen gibt, ja, die oft genug gegen alle Erfahrung aufrecht erhalten werden muß. Wieviele Frauen haben im Krieg um die Heimkehr ihrer Männer gebetet – und doch sind sie gefallen. Wieviele Kranke flehen um Heilung – und leiden weiter. Man kann es verstehen, daß mancher resigniert und sagt: Es hat doch keinen Zweck. Es kommt eben alles, wie es kommen muß.

Und dennoch glauben wir, daß Gott uns nahe ist. Sein Sohn, den er uns gesandt hat, er hat es uns bestätigt. Er hat die Antwort Gottes gebracht und sie uns vorgelebt. Und deshalb wissen wir: Gott hört uns.

Er kennt uns

Bei Fernsehübertragungen von großen sportlichen Ereignissen, wie etwa der Fußballweltmeisterschaft oder ähnlichem, schwenkt die Kamera gern auf das Publikum. Plötzlich sieht man in Lebensgröße das Gesicht eines Zuschauers vor sich, in dessen Zügen sich der Verlauf des Spiels spiegelt. Enttäuschung, Ärger, Spannung und

Freude wechseln sich ab, während der Betroffene gar nicht weiß, daß er von Millionen beobachtet wird. Manchmal merkt einer dieser Zuschauer, daß die Kamera auf ihn gerichtet ist, und die Reaktion ist fast immer die gleiche: Er erschrickt ein wenig, schaut noch einmal in die Kamera und sieht dann in eine andere Richtung, als ob nichts geschehen wäre. Es ist peinlich, so ungefragt den Blicken völlig fremder Menschen ausgesetzt zu sein. Uns würde es genauso gehen. Wie empfindlich würden wir zum Beispiel reagieren, wenn jemand mit dem Fernglas in unsere Wohnung starrte, um unser Privatleben zu beobachten! Keiner hat das Recht, in unsere Intimsphäre einzubrechen. Nicht, daß wir etwas zu verbergen hätten – aber wenn man sich heimlich beobachtet fühlt, hat man Angst, durchschaut, dem anderen wehrlos ausgeliefert zu sein. Die verschiedenen Rollen, die jeder zu spielen gewohnt ist, je nach der Umgebung, in der er sich gerade befindet, werden fragwürdig. Wer uns kennt, hat Macht über uns. Wir können ihm nichts vormachen. Daran mag es wohl liegen, daß wir auch Gott gegenüber oft ein ungemütliches Gefühl haben.

Im 139. Psalm heißt es: „Gott, du erforschst mich und du kennst mich. Wann ich sitze und wann ich stehe, du weißt es. Meine Gedanken schaust du von ferne, du schaust mich, wann ich gehe und ruhe. All meine Wege sind dir vertraut. Wohin könnte ich gehen, von deinem Geiste fort, wohin fliehen vor deinem Angesicht? Steige ich zum Himmel empor, so bist du zugegen, wollte ich in der Unterwelt lagern, so bist du auch dort. Du kennst meine Seele bis auf den Grund; nicht war verborgen vor dir mein Wesen."

Ziemlich ungemütlich, von jemandem auf Schritt und Tritt so beobachtet zu werden, ohne daß man sich, wenigstens zeitweise, zurückziehen könnte. Aber merkwürdigerweise freut sich der Psalmist darüber. Ihm ist es nicht peinlich, daß Gott ihn bis auf den Grund seines Wesens kennt.

Denn es ist nicht der neugierige Blick des unbefugten Zuschauers, den er auf sich ruhen fühlt, sondern es ist der wohlwollende und wissende Blick dessen, der ihn am Leben erhält. Das ist der Unterschied, auf den es ankommt. Nur dann kann man es ertragen, durchschaut zu werden, wenn man dem, der einen so gut kennt, restlos vertrauen kann. Wir müssen uns nur erst einmal dazu durchgerungen haben zu sagen: Gott darf alles wissen. Vor ihm brauche ich nichts zu verbergen, denn er hat mich ja geschaffen. Er versteht mich besser, als ich mich selbst verstehe. Er weiß, warum ich nun einmal so und nicht anders bin. Dann ist es eigentlich nicht mehr peinlich, sondern beruhigend zu wissen: Gott kennt uns.

„Unvernünftige" Treue

Manchmal wird man unversehens ganz schön beschämt. Ich denke an ein Gespräch, dessen Zeuge ich war. Ein Bekannter ließ sich das Schicksal einer Frau erzählen. Sie führte ein trostloses Dasein an der Seite eines Mannes, der zum Trinker geworden war. Jeden Abend gab es zu Hause Szenen, die Kinder wurden wegen der geringfügigsten Anlässe geschlagen, und das Geld reichte hinten und vorne nicht. Sie hatte schon die verschiedensten Versuche gemacht, selbst oder durch Vermittlung von Arbeitskollegen auf ihren Mann einzuwirken. Es hatte nichts genützt, und nun hatte sie die Hoffnung aufgegeben. Als man ihr dann sagte, sie hätte doch nun wirklich Grund genug, sich scheiden zu lassen oder sich zumindest von ihrem Mann zu trennen, da schaute sie ganz erstaunt und sagte: „Aber ich habe ihn doch gern. Natürlich bleibe ich bei ihm. Allein käme er doch auch gar nicht zurecht."
Wie unvernünftig!, möchte man sagen. Es hat doch keinen Sinn, sich das eigene Leben und dazu das der Kinder verderben zu lassen wegen eines unverbesserlichen Trunken-

boldes, der es gar nicht zu würdigen weiß, daß sich jemand um ihn kümmert. Wie unvernünftig, sich immer wieder um einen Freund zu kümmern, der gar nichts von einem wissen will, und das auch lautstark zu verstehen gibt. Wie unvernünftig, sich mit einem Vagabunden abzugeben, wenn man doch genau weiß, daß er es nur darauf abgesehen hat, Geld zu bekommen, um sich von neuem betrinken zu können. Wie unvernünftig, einen aus dem Gefängnis Entlassenen aufzunehmen, der doch jederzeit wieder auf die schiefe Bahn geraten kann.

Ist das alles unvernünftig? Vielleicht. Aber dieser Art Unvernunft verdanken wir unser Leben, denn ebenso „unvernünftig“ ist Gott uns gegenüber. Die Heilige Schrift ist eine einzige Geschichte der menschlichen Undankbarkeit gegen Gott. Immer wieder lehnen sich die Menschen gegen ihn auf und mißachten ihn, und trotzdem bewahrt Gott seinem Volk die Treue. Daran hat sich bis heute noch nicht viel geändert.

Im 88. Psalm lesen wir: „Wenn seine Söhne einst mein Gesetz verlassen, nicht mehr in meinen Geboten wandeln, wenn sie meine Satzung verletzen, meine Zeugnisse nicht mehr bewahren, werde ich ihr Vergehen mit dem Stock bestrafen, ihr Verschulden mit Schlägen; doch meine Gnade entziehe ich ihnen nicht, breche nicht meine Treue.“

Die Treue Gottes zu uns Menschen. Eine erstaunliche Sache! Eigentlich hätte er doch keinen Grund, die Menschen, diese widerspenstigen Geschöpfe, am Leben zu erhalten. Die Menschen, die nichts von ihm wissen wollen und sich an ihn höchstens erinnern, wenn es ihnen schlecht geht. Gewiß hätte es Gott nicht nötig, sich von seiner Kreatur für tot erklären zu lassen, zuzusehen, wie sein Name verhöhnt und seine Gebote belächelt werden. Jeder würde es verstehen, wenn er sagte: Jetzt reicht es aber; ich will euch schon zeigen, wer der Herr ist. Aber nichts geschieht.

Vielleicht gibt es ihn wirklich nicht? Aber wenn es ihn gibt und er all diesem Treiben geduldig zusieht, dann ist es beinahe erschreckend zu wissen, daß er uns dennoch nicht fallen läßt. Der ganze Umfang unserer Erbärmlichkeit und die ganze Größe seines Erbarmens klingt mit in dem Satz: Gott bleibt uns treu.

Wenn uns die Angst überfällt

In den Weihnachtsferien organisierte ich eine Skifreizeit für Jugendliche. So etwas vorzubereiten, ist keine einfache Sache. Wo sollen wir hinfahren? Hoffentlich finden wir ein schönes Haus, und der Schnee muß natürlich gut sein. Werden wir mit unserem Geld auskommen? So macht man sich seine Gedanken. Und dann gibt es gewöhnlich einen in der Gruppe, der von allen denkbaren Möglichkeiten immer auf die schlechteste gefaßt ist. „Sicher gibt es dieses Jahr nicht genug Schnee. Und ob die Heizung in unserer Skihütte ausreichen wird, ist mehr als fraglich. Außerdem bekommen wir im Zug wahrscheinlich keinen Platz mehr, und in diesen vollen Ferienzügen wird auch immer so viel gestohlen." Sie kennen diese Leute. Pessimisten, deren Phantasie sich ganz auf das Negative konzentriert. Ein leichtes Leben haben sie sicher nicht.
Es gibt ja auch viele Gründe, warum wir uns Sorgen machen müssen. Nicht nur wegen unbedeutender Kleinigkeiten. Die Sorge, oder eigentlich mehr noch die Angst, ist unsere Reaktion auf die vielfältigen Bedrohungen. Ihr Ausmaß und ihre Unberechenbarkeit nehmen ständig zu. Wer kennt nicht den lähmenden Schrecken, wenn man um ein Haar einen Verkehrsunfall verursacht hätte. Das Stokken des Herzschlags, wenn man Zeuge eines Unglücks geworden ist. Wieviele Menschen müssen sich sagen: Wenn ich das Flugzeug einen Tag früher genommen hätte, wäre ich heute tot. Wenn ich meinen Urlaubsort drei Tage spä-

ter verlassen hätte, wäre auch ich vom Tornado erfaßt worden. Es braucht nur ein Flugzeug in einer Wohngegend abzustürzen, eine Gasleitung zu brechen, und ein Großbrand entsteht. Kaum auszudenken, was geschieht, wenn ein Unberufener den Befehlsknopf für die Atombombe bedient. Eigentlich sind wir alle in der Lage dessen, der auf dem Pulverfaß sitzend eine Zigarette raucht. Kein Wunder, daß uns manchmal plötzlich die Angst überkommt. Verständlich, daß die Nervosität um sich greift.
Wie beruhigend, aber auch wie weltfremd klingt es dann, wenn wir im 91. Psalm lesen: „Der du wohnst in des Höchsten Schutz, in des Allmächtigen Schatten lebst, sprich du zum Herrn: meine Zuflucht und meine Burg, mein Gott, auf den ich vertraue... Es fallen Tausende neben dir und zehnmal tausend zu deiner Rechten, dir aber nahet es nicht... Er entbietet für dich seine Engel, daß sie dich schützen auf all deinen Wegen. Sie tragen dich auf ihren Händen, damit sich dein Fuß an keinem Steine stoße."
Was sollen uns diese Worte, wenn die Zeitungen voller Katastrophenberichte sind, wenn wir uns täglich sagen müssen: Das hätte auch dir passieren können?
Nun, auch der Psalmist, der diese Worte schrieb, kannte die harte Wirklichkeit. Auch er wird nicht nur über Steine gestolpert sein. Aber er wurde darüber nicht zum Pessimisten. Er war überzeugt davon, daß nichts geschieht, ohne daß Gott es weiß. Er wußte, daß letztlich alles, was uns widerfährt, gut für uns ist, wenn wir auch nicht verstehen, warum. Denn Gott sorgt für uns.
Es hat keinen Zweck, alles durch die dunkle Brille zu sehen. Wir können ja nichts tun gegen die unvorhersehbaren Gefahren, die uns umgeben. Wir sind machtlos. Die Gefahren werden durch die Angst auch nicht kleiner, eher größer. Aber die Angst läßt nach, wenn ich mir sagen kann: Gott sorgt für mich.

Es ist doch erstaunlich, wo überall man sich vertreten lassen kann. Der Sekretär unterschreibt in Vertretung für seinen Chef. Man vertritt einen Kollegen bei der Arbeit. Die Firma entsendet einen Vertreter zu Verhandlungen. Die Regierung wird vertreten durch ihre Botschafter. Selbst bei der Eheschließung kann man sich vertreten lassen. Etwas schwieriger wird es, wenn man einen sucht, der für uns die Kastanien aus dem Feuer holt. Aber manchmal findet sich auch jemand, der das auslöffelt, was man sich selbst eingebrockt hat.

Bei all dem geht es ja nur um bestimmte Aufgaben, die uns ein anderer abnehmen kann. Einer übernimmt die Funktion des anderen, und das ist möglich. Im persönlichen Bereich allerdings ist es anders. Unsere Freundschaften und Zuneigungen, unsere Krankheiten und Fehler – da sind wir unersetzbar. Kein anderer kann an unsere Stelle treten. Ich kann mich noch so sehr in einen anderen Menschen hineindenken: Sein Leid bleibt sein Leid, und ich kann höchstens mit ihm leiden, nicht für ihn. Erst recht, wenn es ans Sterben geht, da vertritt uns keiner. Gewiß, wir kennen aus der Zeit der Vernichtungslager Fälle, wo sich einer für einen anderen in die Reihe der Todeskandidaten stellte, wo sich also einer für einen anderen umbringen ließ. Aber auch der auf diese Weise dem Tode Entronnene mußte eines Tages dann doch sterben. Da muß jeder selbst durch. Wir bleiben letztlich ganz allein auf uns gestellt. In den schwersten Stunden hilft uns keiner. Und doch läßt sich die Sehnsucht nicht ausrotten. Die Hoffnung, man könne um den Tod herumkommen. Der Wunsch, den geliebten Menschen vor dem Tod zu bewahren – und koste es das eigene Leben. Eine Utopie. Aber gerade dieser utopische Wunsch ist ein Kernstück des christlichen Glaubens. Der Prophet Jesaja kündigt es an, wenn er vom Knecht Gottes schreibt: „Aber wahrlich, unsere Krankheiten hat er getragen, unsere Schmerzen hat er auf sich geladen; doch wir hielten ihn für einen Geschlagenen, den Gott getroffen und gebeugt hat. Er ward durchbohrt um unserer Sünden willen, zerschlagen für unsere Missetaten. Zu unserem Frieden lag die Strafe auf ihm; durch seine Striemen ist uns Heilung geworden" (Jes 53,4f).

Christus hat diese Verheißung erfüllt. Er hat sein Leben hergegeben, um uns vor dem Tod zu bewahren. Er ist gestorben, damit wir leben können. Dann hätte sich also doch einer gefunden, der uns sogar im Sterben vertritt! Aber stimmt das denn? Ist es Christus wirklich gelungen, uns den Tod abzunehmen? Es sieht nicht so aus. Nach wie vor sterben wir, jeder für sich allein. Der Tod bleibt unser unausweichliches Schicksal. Und er zeigt sich uns mit seinen Vorboten: Krankheit, Einsamkeit, Nachlassen der Kräfte und dann das Ende. Anscheinend hat sich nichts geändert. Und doch ist alles anders. Was aussieht wie eh und je, hat sich gewandelt. Der Tod ist nicht mehr das Ende des Lebens, sondern der Beginn des Lebens. Wir sterben nicht mehr, um dann für immer tot zu sein, sondern wir sterben, um zu leben. Was ein Mensch für den anderen vielleicht tun möchte, aber nicht kann, das hat Gott getan, indem er Mensch wurde und für uns starb.

Bleibende Liebe

Ein ständig wachsendes Problem unserer Zeit ist die Einsamkeit. Ich kenne eine alte Frau, die seit vielen Jahren Witwe ist. Sie hat keine Kinder. Im Alter ist sie schwerhörig geworden und fast blind. Nun hat sie den Kontakt zu ihrer Umwelt verloren. Niemand fragt nach ihr, keiner braucht sie. Wozu soll sie noch leben? Sie weiß es nicht.

Viele solche Schicksale gibt es bei alten Menschen. Das ist hinlänglich bekannt. Aber nicht nur den Alten geht es so.

Man muß nur an die unzähligen Menschen denken, deren Ehe zerbrochen ist. Oft genug ist Einsamkeit ihr Los. Oder die sogenannten „Grünen Witwen", die irgendwo in einem schönen, modernen Haus wohnen, draußen im Grünen, mit allem Komfort unseres Lebensstandards. Aber sie sind allein, denn ihre Männer gehen frühmorgens aus dem Haus, verbringen den ganzen Tag im Büro in der Stadt und kommen abends erschöpft nach Hause. Einsamkeit. Die Sehnsucht, sie zu überwinden, ist das Thema vieler Schlagertexte. Der Mensch braucht Menschen, zu denen er gehört. Er braucht etwas Bleibendes. Bleibende Liebe. Gibt es das überhaupt?

Von der Mutterliebe wird gesagt, sie sei beständig. Eine Mutter könne ihr Kind nicht vergessen. Wir kennen genügend Beispiele, wo sich das gezeigt hat, selbst unter den schwierigsten Umständen. Um so schockierender wirkt es dann, wenn Notizen wie die folgenden in der Zeitung stehen: „Einjähriges Kind tot in der Wohnung gefunden". Die Mutter war verreist, sie hatte das Kind allein zu Hause zurückgelassen, und es war verhungert. „Mutter tötete ihr neugeborenes Kind." Als Motiv gab sie an, sie hätte das Geschrei nicht mehr aushalten können und sich in ihrer Freiheit zu sehr eingeschränkt gefühlt.

Kann man auch auf die Mutterliebe nicht mehr bauen? Was dem Tier durch seinen Instinkt unmöglich ist, kann der Mensch tun, und er tut es auch. So werden manche hoffnungslos und sagen: „Der Mensch ist des Menschen größter Feind." Und man kann das verstehen, denn wie soll einer leben können, der niemanden hat, zu dem er gehört, niemanden, der ihn gern hat. Wir brauchen Menschen, die uns akzeptieren, so wie wir sind, mit unseren Fehlern. Wir brauchen jemanden, der uns Mut gibt, wenn wir uns selbst nicht mehr leiden können. Wir brauchen Liebe, sonst wird uns das Leben zur Hölle.

Und was ist mit dem, der tatsächlich niemanden hat, der ihn liebt? Den gibt es nicht! Denn Gott liebt jeden, selbst wenn die eigene Mutter versagt. Im Alten Testament, bei Jesaja, lesen wir es: „So spricht der Herr: Wie einen, den seine Mutter tröstet, so will ich euch trösten." Dem Menschen, der das Rechte tut, wird versprochen: „Du wirst der Sohn des Höchsten sein, er wird dich mehr lieben als deine Mutter." Und im Psalm 27 schließlich: „Wollten mich Vater und Mutter verlassen, – wahrlich, der Herr nähme mich auf." So denkt der Gläubige von Gott. Gott kennt mich, ich brauche vor ihm nichts zu verbergen. Er bleibt mir treu, selbst wenn ich ihm untreu geworden bin. Er hilft mir, auch wenn ich seine Hilfe einmal nicht spüre. Er ist sogar bereit, für mich zu sterben, denn er liebt mich. Mehr als eine Mutter ihr Kind lieben könnte. So ist Gott.

Erfahrungen mit Gott

Gott ist anders

In der Nachbarschaft meiner Wohnung ist ein Tennisplatz. Manchmal beobachte ich, wie dort ein Anfänger trainiert. Er schlägt den Ball an eine Übungswand. Die Wand reagiert immer gleich. Der Ball kommt so zurück, wie er geschlagen wurde. Es gibt keine Überraschungen. Je besser der Spieler die Technik beherrscht, um so langweiliger wird das Spiel mit der toten Wand.

Mir scheint, daß viele Menschen mit Gott auf ähnliche Weise umgehen. Sie wollen den Glauben an ihn nicht missen, sie erfüllen auch treu ihre religiösen Pflichten. Aber Überraschungen erwarten sie nicht von Gott. Er hat seinen festen Platz, der ihm gerne zugestanden wird. Der Gedanke an ihn wird zur gewohnten Feiertagsbeschäftigung. Ein sonntäglicher Gottesdienst bringt etwas Glanz in das Leben. Er weckt die Erinnerung daran, daß das tägliche Einerlei doch nicht alles ist. Für andere Menschen ist Gott zu fremd und zu groß. Er lebt sein Leben und der Mensch das seine. Es gibt kaum Berührungspunkte. Es bleibt auch wenig Zeit, über solche Fragen nachzudenken. So viele andere Dinge sind zu tun, die mehr drängen. Und der Gedanke an Gott ist schwer; man weiß so wenig von ihm. So bleiben die Erfahrungen mit Gott blaß. Sie werden langweilig wie das Tennisspiel mit der toten Wand.

Manche Menschen machen mit Gott eine andere Erfahrung. Die erschreckende Erfahrung, die den französischen Journalisten André Frossard ausrufen ließ: „Gott existiert; ich bin ihm begegnet!“ Um im Bild zu bleiben: Die Übungswand des Tennisspielers reagiert plötzlich anders als erwartet. Der Partner des Spiels entpuppt sich als lebendige Person. Er spielt mit, schlägt die Bälle gekonnt und gezielt. Das Spiel wird anspruchsvoll und interessant. Und es ist der unbekannte Partner, der es führt. Wer wagt es, unter diesen Bedingungen weiterzuspielen? Sicherer ist es jedenfalls, auszusteigen und sich wieder eine tote, berechenbare Übungswand zu suchen, die auf meine religiösen Gefühle und Gedanken erwartungsgemäß reagiert.

Die französische Dichterin Marie Noël hat sich auf das gefährliche Spiel mit dem fremden Gegenüber eingelassen. Sie wurde 1883 in der kleinen burgundischen Stadt Auxerre geboren. Aus dem engen Umkreis ihrer Familie und ihrer Kindheit ist sie kaum herausgekommen. In dem kleinen, bedrückenden Rahmen ihres Lebens hat es nie ein bemerkenswertes Ereignis gegeben. Bis sie als fast 40jährige die Katastrophe ihrer religiösen Welt erfuhr. Der „liebe Gott", mit dem sie in enger, freundschaftlicher Beziehung gestanden hatte, war nicht mehr da. Sie schreibt: „In dieser Art von Abgrund, in den ich letztes Jahr hineingestürzt bin, habe ich Gott gesehen, und ich kann es nicht mehr vergessen. Gott! Aber nicht den Lieben Gott, den ich so innig kannte von Kind an... nein, einen anderen! Ein anderer, der sich versteckt gehalten hatte, ein anderer, der so furchtbar war, daß mein Verstand ins Wanken kam."

Mit diesem Gott muß sie nun leben. Über drei Jahrzehnte hin schrieb sie nieder, wie es ihr dabei erging. Ihre Notizen sind veröffentlicht; sie tragen den Titel: „Erfahrungen mit Gott".*

* Marie Noël, Erfahrungen mit Gott. Eine Auswahl aus den Notes Intimes (Topos Taschenbuch 12), Mainz [2]1980.

Sich Gott zeigen, wie man ist

Vielleicht haben Sie in Ihrem Bekanntenkreis einen sehr religiösen Menschen, einen, dem man es anmerkt, daß Gott für ihn eine fraglose Wirklichkeit ist. Es gibt ja solche Leute, denen scheinbar all die quälenden Fragen und Zweifel erspart bleiben. Sie glauben so selbstverständlich an Gott, wie ein anderer daran glaubt, daß die Erde rund ist und die Sonne auch morgen wieder im Osten aufgehen wird.

Ich könnte einen solchen Menschen beneiden. Aber ein wenig fragwürdig ist mir seine Sicherheit doch auch. Ob er wirklich den richtigen Gott gefunden hat? Ob er die Fragen, die mich bedrängen, wirklich ernst nimmt? Ob er sie nicht nur beiseite geschoben hat, um seine Ruhe zu haben?

Da liegt es mir näher, wie die französische Dichterin Marie Noël ihre „Erfahrungen mit Gott" beschreibt: „Mein Gott, ich liebe dich nicht, ich wünsche es nicht einmal, ich langweile mich mit dir. Vielleicht glaube ich nicht einmal an dich. Aber blicke mich an im Vorübergehen. Tritt einen Augenblick in meine Seele, bring sie in Ordnung mit einem Hauch, unauffällig, ohne mir etwas zu sagen. Wenn du möchtest, daß ich an dich glaube, bring mir den Glauben. Wenn du möchtest, daß ich dich liebe, bring mir die Liebe mit. Ich habe sie nicht, ich kann nichts dafür. Ich gebe dir, was ich habe: meine Schwäche, meinen Schmerz. Und diese Zärtlichkeit, die mich quält, und die du so gut siehst. Und diese Verzweiflung... Und diese verwirrte Scham. Mein Leid, nichts als mein Leid. Das ist alles. Und meine Hoffnung!" Kann man so mit Gott sprechen? Marie Noël hat es getan, und ich möchte mich ihr gerne anschließen. Sie rechnet offenbar mit einem Gott, der Verständnis dafür hat, daß es schwer ist, an ihn zu glauben und ihn zu lieben. Sie sagt ihm, wie es ihr mit ihm geht. Sie verstellt sich nicht und versteckt ihre Zweifel nicht hinter einem

leicht dahingesprochenen Glaubensbekenntnis. Sie nimmt Gott ernst, und sie erwartet, daß auch er sie ernst nimmt. Wenn er wirklich möchte, daß sie an ihn glaubt, und ihn liebt, dann muß er ihr schon selbst den Glauben und die Liebe bringen. Viel hat sie ihm dafür nicht anzubieten, nur eben das, was sie in sich vorfindet: Schwäche, Schmerz, Sehnsucht, Leid und Hoffnung.
Was mag Gott von einem solchen Gebet denken? Ich glaube, es gefällt ihm. Wenn er wirklich der Gott ist, der sich für die Menschen interessiert und mit ihnen Verbindung aufnehmen will, dann muß es für ihn traurig sein, immer nur mit wohlgesetzten, distanzierten Worten angesprochen zu werden. Es muß für Gott bedrückend sein, wenn die Menschen, die er seine Kinder nennt, ihn nicht wie einen vertrauten Vater, sondern wie eine oberste Behörde behandeln.
Ich möchte lieber versuchen, mich, wie Marie Noël, Gott so zu zeigen, wie ich bin. Ich möchte ihm auch sagen, daß ich ihm nicht viel anzubieten habe. Und daß er selbst mir Glauben und Liebe geben muß, wenn er will, daß ich an ihn glaube und ihn liebe.

„Ich lebe von deinem Wort…“

„Wo ich bin und was ich tu', sieht mir Gott, mein Vater, zu.“ So steht es in meinem alten Katechismus. Und ich habe mich an den Gedanken gewöhnt, daß Gott immer und überall da ist. Wohin sollte er sich auch zurückziehen, da er doch alles geschaffen hat und nichts ohne ihn bestehen kann! Und dennoch sprechen viele gläubige Menschen von der Erfahrung, daß Gott sich zurückzieht. Mit einem Mal ist er nicht mehr da, wo man ihn immer zu finden gewohnt war.
Die französische Dichterin Marie Noël war ihr Leben lang mit Gott vertraut. Sie schreibt in ihrem geistlichen Tage-

buch: „Ich bin nicht sehr fromm... aber Gott ist in meinem Hause. Ich gehe, ich komme, ich spreche kaum mit ihm, ich denke nicht einmal an ihn. Aber er ist nicht weit. Ich brauche nur meinen Kopf ein wenig von meiner Beschäftigung wegzuwenden, ihn einen Augenblick zu suchen, um ihn irgendwo im Dunkel meiner armen Wände zu erblicken."

Sie vergleicht die Gegenwart Gottes mit der Gegenwart des Vaters, der ohne viele Worte im Haus lebt und arbeitet. Er ist erreichbar, wenn man ihn braucht. Das ganze Haus verläßt sich auf ihn, auch wenn normalerweise keine langen Gespräche mit ihm geführt werden.

Aber was ist, wenn er einmal das Haus verläßt? Wenn er lange ausbleibt? Ist das nicht die Erfahrung, die sehr viele Menschen mit Gott machen?

Marie Noël schreibt: „Wenn die Angst in der Abenddämmerung durch die schlecht verschlossenen Türen sich ins Haus schleicht, ob der Hausherr – so spät! – nicht zurückkehrt, ob er vielleicht sogar nicht mehr lebt, dann gehen die Tage, die Monate dahin, und die armen Geschöpfe des leeren Hauses leben weiter von ihrem Meister, nach seiner Gewohnheit, nach seinem Gesetz." Sie spricht ihre Erfahrung mit dem abwesenden Gott aus: „Ich lebe von deinem Wort, selbst wenn ich dich verloren habe."

Jesus Christus hat von derselben Erfahrung gesprochen, wenn er Gott mit einem König vergleicht, der in ein fremdes Land reist und lange ausbleibt. Oder mit einem Hausherrn, der sein Vermögen seinen Dienern anvertraut und auf Reisen geht. Was werden die Diener tun? Werden sie ihre Arbeit auch für den abwesenden Herrn weiter verrichten? Oder werden sie sagen: Er ist gewiß tot; er kommt nicht wieder. Er geht uns nichts mehr an!

Viele Menschen machen diese Erfahrung mit Gott: Er läßt nichts von sich hören; er scheint weit weg und unerreichbar zu sein. Und das erleben nicht nur solche, die ihrerseits kein großes Interesse an Gott haben, sondern gerade

diejenigen, denen er schmerzhaft fehlt und die ihn voll Sehnsucht suchen. Wie nahe liegt es doch, eines Tages zu sagen: Es ist genug. Ich kann und will nicht länger nach einem Gott fragen, der offenbar nach mir auch nicht fragt. Ich bin es müde, auf einen Gott zu warten, der am Ende längst tot ist.
Marie Noël vermag auch nicht zu erklären, warum Gott sich entzieht und nicht mehr zu finden ist. Aber sie bleibt ihm treu: „Ich lebe von deinem Wort, selbst wenn ich dich verloren habe."

Sich den Spatz aus der Hand nehmen lassen

„Der Spatz in der Hand ist besser als die Taube auf dem Dach." Es ist zweifellos vernünftig, nach diesem Sprichwort zu leben. Denn es nützt ja nichts, wenn ich von großen Dingen träume, die ich doch nicht erreichen kann. Die große Liebe, der uneingeschränkt befriedigende Beruf, der perfekte Urlaub, die vollkommen eingerichtete Wohnung, das makellose Kunstwerk: Wer sich nicht zufrieden gibt, ehe er das Vollkommene erreicht hat, wird nie zufrieden sein. Schließlich verliert er noch die Freude an den kleinen Erfolgen und Erfüllungen, die er erreichen kann. Vor lauter Sehnsucht nach der Taube auf dem Dach versäumt er, den Spatz in der Hand festzuhalten.
Was folgt daraus? Allerlei Lebensweisheit, die uns nahelegt, kleinere Brötchen zu backen, unsere Träume zu stutzen, mit Wasser zu kochen und mit dem kleinen Glück vorlieb zu nehmen. Das große ist nun einmal nicht zu haben.
Diese Haltung ist vernünftig. So können wir Menschen leben trotz der vielfältigen Beschränkungen, die uns von innen und von außen einengen.
Aber es gibt auch eine falsche Bescheidenheit. Vor lauter Sorge, den Spatz in der Hand nicht zu verlieren, hat

manch einer wohl die großen Möglichkeiten seines Lebens verpaßt. Er hat sein kleinkariertes Glück der großen Erfüllung vorgezogen, die nur der findet, der es riskiert, alles andere zu lassen.

Offenbar muß Gott dem Menschen manchmal auch den Spatz aus der Hand nehmen. Dann schaut er vielleicht wieder nach der Taube auf dem Dach aus, die ihm zugedacht ist, wenn er sie nur ergreifen will.

So ging es der französischen Dichterin Marie Noël. Sie schreibt: „Ich war so klein und von so bescheidenen Neigungen, daß ich niemals vom Paradies und vom vollkommenen Glück geträumt haben würde, wenn ich mich nur ganz leise in einem warmen Winkel der Erde hätte einrichten können, in einem kleinen Haus für mich, das der Sommersonne ausgesetzt und im Winter hinter den Scheiben voll von Licht, Feuer und lieber Gesellschaft gewesen wäre. Wenn dieses sehr kleine Glück gekommen und geblieben wäre, hätte ich kein Verlangen nach dem Himmel gehabt. Aber Gott sah für mich Größeres als ich selbst. Er hat mir nicht erlaubt, mich auf Erden einzurichten. Er hat mich gezwungen, Verlangen nach dem Himmel zu haben."

Ich vermute, daß Gott auch mir die Zufriedenheit mit dem kleinen Glück nehmen muß, wenn er mir Größeres zugedacht hat. Es mag ihm schwerfallen. Es ist ja nicht leicht für einen liebevollen Vater, seinem Kind etwas zu verweigern. Aber er muß es tun, wenn er ihm etwas Besseres ermöglichen will. Ich will Gott darum bitten, daß er mir das kleine Glück unerreichbar macht. Ich will ihn nicht enttäuschen, wenn er mit vollen Händen dasteht und nur darauf wartet, bis ich die Hände frei habe, um seinen Reichtum zu empfangen. Es mag unvernünftig sein, aber ich verlasse mich darauf, daß ich die Taube auf dem Dach erreiche, wenn ich nur den Spatz aus der Hand lasse.

Lebensraum Gott

In den Wochen der Urlaubszeit kann man an fast jedem beliebigen Tag überfüllte Autobahnen erleben. Kolonnen von Wohnwagen, Autos mit Surfbrettern auf dem Dach, Motorräder mit Schlafsack und Zelt auf dem Gepäckträger. Ein rastloser Bewegungsdrang erfaßt uns von Jahr zu Jahr. Manche Menschen fahren Hunderte von Kilometern, um endlich frei zu sein vom engen Alltag. Wie köstlich ist dann schon das Gefühl, einen ganzen Tag ohne Verpflichtungen vor sich zu haben, nirgends erwartet zu werden und keine Eile zu haben. Wie gut tut es den Augen, in eine weite Landschaft zu schauen. Wie verlokkend ist schon die Vorstellung der grenzenlosen Fläche des Meeres. Das Erlebnis von Freiheit und Weite ist es wert, dafür eine mühsame Anreise in Kauf zu nehmen. Wir leben doch fast alle auf zu engem Raum. Wir sind eingepfercht in einen festgelegten Zeitplan, eingezwängt in eine enge Stadt, eingebunden in feste Pflichten an einem enggumgrenzten Arbeitsplatz. Irgendwann muß ich mich dann strecken und recken und frei sein, sonst geht mir der Atem aus.

Wie mag es aber den Menschen gehen, die nie aus ihren engen Verhältnissen herauskommen, deren Sehnsucht nach Weite und Lebensraum sich nie erfüllt?

So ist es der französischen Dichterin Marie Noël gegangen, die ihr ganzes Leben in dem burgundischen Städtchen Auxerre zugebracht hat. Sie schreibt: „Fast alle Leute meines Alters und meines Milieus, vor allem jene, die schreiben, sind gereist, haben Länder und Städte gesehen, sind Menschen begegnet, haben Theater und Museen besucht, wunderbare Musik gehört, von der ich immer nur träume: Salzburg – Mozart – Figaros Hochzeit – Zauberflöte. Und Pelléas! Aber ich verbrachte, als ich jung war, Sonntag um Sonntag im Jungfrauenverein, und jetzt, da ich alt bin, besuche ich seit vielen Jahren an allen Sonntagen mit meiner

Mutter meine Tante. In einem guten, rechtschaffenen Hause der Provinz lebe ich zurückgezogen, durch Pflichten eng eingeklemmt, von alten Leuten nicht aus den Augen gelassen, von allem und sogar einer Umgebung beraubt. Als Raum habe ich nur Gott gehabt. In ihm habe ich meine Freiheit gewonnen, meine großen Wege, ich habe meinen Bergen und meinen Abgründen die Stirn geboten, ich bin ‚gereist' wie die anderen, mehr als irgend ein anderer meinen Abenteuern und meinen Gefahren ausgesetzt gewesen."

Ist das eine Antwort? Kann Gott wirklich mein Lebensraum sein, kann er meine Sehnsucht nach Freiheit und Weite stillen? Dieser Gedanke ist nicht so fremdartig wie er scheint. Schon die Freundschaft mit einem Menschen, die Erfahrung der Liebe eröffnet doch ungeahnte Weiten. Menschen, die einander lieben, finden allen Lebensraum, den sie brauchen, ohne sich von der Stelle zu bewegen. Müßte die Freundschaft mit Gott nicht erst recht eine unermeßliche Weite eröffnen, in der ich leben kann und atmen? Ich möchte es Marie Noël glauben, und ich bitte Gott, daß er auch mich in diese Weite führt.

Leben mit Gott – eine schwierige Freundschaft

Ich stelle mir ein altes Ehepaar vor, das seine Goldene Hochzeit feiert. Am Ende des Tages, nachdem alle Gäste wieder gegangen sind, sitzen die beiden noch ein wenig zusammen. Sie blicken auf die gemeinsamen fünfzig Jahre zurück. Da hat es gute und böse Tage gegeben. Streit und Versöhnung. Zeiten des Auseinanderlebens, in denen einer den anderen nicht mehr verstand. Und Zeiten neuer Gemeinschaft, in der alles wieder einfach und klar war. Durch alle diese Jahre sind sie beisammen geblieben. Und jetzt können sie in Frieden zurückblicken. „Wie gut, daß wir uns damals kennenlernten. Wie gut, daß wir den Mut hatten, uns aneinander zu binden." Schön ist es, zwei alte Menschen im sanften Licht der untergehenden Sonne beieinander zu sehen, wie sie dankbar ihr gemeinsames Leben betrachten.

Von einem ähnlichen Rückblick erzählt die französische Dichterin Marie Noël in „Erfahrungen mit Gott". Sie schreibt: „Ich zeige mir selbst mein Jubiläum der Erstkommunion an. Es wird am 3. Mai 1944 fünfzig Jahre her sein, daß ich zum erstenmal zitternd dem Herrn begegnet bin, der mein einziger Weggefährte sein sollte. Nun sind es fünfzig Jahre her, daß wir zusammen leben. Oh, das war, wie jede andere Verbindung, kein Zusammenleben ohne Wolken. Er hat mich mit Geduld lieben, mir ohne Aufhören verzeihen müssen. Für eine Blume, die blühte, ein Lied, das sang, ein Buch, das sich öffnete, eine Zärtlichkeit, die vorüberging, entschlüpfte ich ihm, vergaß ihn... so lange, bis er mich einholte. Aber er holte mich immer ein. Und auch ich, o mein Gott, ich habe mich über Dich zu beklagen. Du bist nicht behutsam mit mir umgegangen. Du bist nicht davor zurückgeschreckt, mich leiden zu lassen. Du bist mir ein harter Meister gewesen. Hast Du mich nicht verlassen, Du auch? Hast Du mich nicht ganz allein in meine Verzweiflung geschickt, ohne mit hineinzugehen? Hast Du mich nicht glauben lassen, Du habest mich getäuscht, daß Dein Herz, an dem ich schlief, keineswegs ein Herz sei, keineswegs ein Ort der Zuflucht? Du bist für mich zu unbekannt gewesen, zu groß, zu dunkel. Und dennoch, durch die Jahre und die Schwierigkeiten unserer Verbindung sind wir, Du und ich, ohne Scheidung geblieben, Du treu und ich treu. Du hast Dir alles von mir gefallen lassen. Ich habe alles von Dir angenommen, und wir haben unseren ewigen Bund bewahrt."

Es ist schön, einen Menschen so zu Gott sprechen zu hören, ganz vertraut und ruhig geworden nach dem stürmischen Auf und Ab einer schwierigen Freundschaft. Ich denke, daß es auch für Gott schön sein muß, einen Men-

schen so sprechen zu hören. Denn Gott ist doch gewiß der sensiblere und sehnsuchtsvollere Partner dieser Freundschaft. Es muß schwer für ihn sein, zuzusehen, wie schwer es die Menschen, die er liebt, mit ihm haben. So mag es für ihn eine ebenso große Freude sein wie für den betroffenen Menschen, wenn der gemeinsame Weg schließlich zum Ziel führt.
Davon spricht Jesus, wenn er im Gleichnis den Hausherrn sagen läßt: „Du bist im Kleinen ein treuer Verwalter gewesen, ich will dir eine große Aufgabe übertragen. Komm, nimm teil an der Freude deines Herrn“ (Mt 25,21).

Sprechender Glaube

„Da kann man nur noch beten"?

Seit Jahren rufen die christlichen Kirchen zum gemeinsamen Gebet um die Einheit im Glauben auf. Die Woche vom 18.–25. Januar wird jedes Jahr als Gebetswoche um die Einheit der Christen begangen. Da gibt es in den verschiedenen Kirchen gemeinsame Gebetsstunden. Vielerorts werden Vorträge über das Thema „Wiedervereinigung im Glauben" angeboten. Manches ist dazu in den einschlägigen Zeitschriften zu lesen und in entsprechenden Rundfunksendungen zu hören. Ich habe bei solchen Veranstaltungen ein etwas zwiespältiges Gefühl. Gewiß ist das alles gut und notwendig. Aber wird es uns wirklich der Einheit im Glauben näherbringen? Sind die maßgeblichen Leute daran überhaupt ernsthaft interessiert? Viele Christen haben den Eindruck, als sei die gegenseitige Annäherung der Konfessionen zum Stillstand gekommen. Und dann kann man wohl die Forderung hören: „Der Worte sind genug gewechselt; wir wollen Taten sehen." Und daran fehlt es offensichtlich. Noch immer gibt es keinen gemeinsamen Sonntagsgottesdienst aller Christen und keine Gemeinschaft in der Eucharistie, dem zentralen Glaubenszeichen. Immer noch gibt es getrennte Kirchen und kirchliche Versammlungsräume, getrennte Kirchenverwaltungen und getrennte soziale Einrichtungen und Dienste der Kirchen. Ich werde oft in Gespräche über solche Fragen verwickelt. Warum können sich die Kirchenleitungen nicht einigen? Wie lange soll dieser Skandal der Trennung noch fortbestehen? Ich versuche gewöhnlich, so weit ich es kann, über die verwickelten Zusammenhänge zu informieren, die eine Wiedervereinigung im Glauben trotz allen guten Willens so schwer machen. Die Spaltung zwischen Ost- und Westkirche besteht seit neunhundert Jahren. Die zwischen der katholischen Kirche und den reformatorischen Kirchen seit 450 Jahren. Was sich in so langer Zeit auseinandergelebt hat, kann nicht mit einem Schlag wieder zusammenfinden. Angesichts der Schwierigkeiten, die sich da auftürmen, zucken viele Menschen ratlos mit den Achseln und sagen: Da kann man nur noch beten. Es klingt nach Resignation: Da ist nichts zu machen; da kann man nur noch beten. Mich macht dieser Ausdruck nachdenklich. Was heißt eigentlich: Nur noch beten? Ist damit nicht unter der Hand gesagt: Die Sache ist aussichtslos. Da wird sich nichts mehr ändern. Alle unsere angestrengten Bemühungen haben nicht zum Erfolg geführt. Also bleibt nur noch Beten. Ist das richtig? Mir scheint es richtiger, zu sagen: Da muß man erst mal beten. Vielleicht hat bei aller Bemühung die eingeschlagene Richtung nicht ganz gestimmt. Vielleicht sollte man erst mal auf Gott schauen und fragen, wie er sich die Einheit der Christen denkt und welche Wege dahin führen mögen. Erst wer die rechte Richtung gefunden hat, mag dann auch die Einsicht und Kraft haben, das Richtige zu tun. Also erst mal beten. Aber das ist leichter gesagt als getan. Ich glaube, daß viele Christen sich mit dem Beten schwer tun. Und viele haben es längst aufgegeben, weil sie nicht wissen, wie sie es machen sollen. Erst mal beten: Ich merke es bei mir selbst, daß das gar nicht so einfach ist. Ich möchte deshalb auf den nächsten Seiten ein wenig von meinen Schwierigkeiten und von meinen guten Erfahrungen mit dem Beten sprechen.

Der Wunsch, beten zu können

Im Neuen Testament gibt es viele Texte, in denen das Beten empfohlen, ja dringlich angeraten wird. Aber es gibt nur wenige Hinweise, wie man denn beten solle. Waren das alles schon so perfekte Beter, daß sie dazu keine Hilfe mehr brauchten? Offensichtlich nicht, denn eine Episode ist da überliefert, die zeigt, daß auch die Jünger Jesu erst noch beten lernen mußten. Sie hatten erlebt, wie Jesus betete. Das hatte in ihnen offenbar den Wunsch geweckt, auch so beten zu können. Deshalb baten sie ihn: „Herr, lehre uns beten." Es gibt heute unzählige Bücher über das Beten. Alle möglichen Methoden und Techniken des Gebets werden darin beschrieben. Offensichtlich ist das gar nicht so einfach. Was mag Jesus für eine Methode anzubieten haben? Mir scheint, daß seine Gebetsschule vor allem darin bestand, daß er selbst betete. Und so gelang es ihm, in seinen Jüngern die Sehnsucht nach dem Beten zu wekken. Aber worauf richtet sich diese Sehnsucht? In dem Buch „Saal der tausend Türen" von Henri Caffarel* habe ich folgende Geschichte gefunden: Ein junger Mann wollte gerne von einem Einsiedler aufgenommen werden, um mit ihm zu leben. Auf die Frage nach dem Grund seines Begehrens sagte er: „Weil ich beten lernen möchte." Auf die weitere Frage, warum er das lernen wolle, sagte er: „Weil das die größte Wissenschaft ist." Der Einsiedler schickte ihn wieder weg. Drei Jahre später versuchte er es nochmals. Wieder wurde ihm die Frage gestellt: „Warum möchtest du beten lernen?" – „Um ein Heiliger zu werden", war die Antwort. Und wieder wurde er abgewiesen. Der junge Mann nahm seine Arbeit wieder auf. Doch mehr als zuvor plagte ihn der Wunsch, beten zu können. Schließlich besuchte er den Einsiedler ein drittes Mal und sagte: „Ich möchte beten lernen, weil ich Gott finden möchte." Da wurde er angenommen. Zwei Hinweise finde ich in dieser Geschichte. Der junge Mann hatte wirklich Sehnsucht nach dem Gebet. So sehr, daß er wieder und wieder versuchte, es zu lernen. Ich fürchte, bei mir ist diese Sehnsucht nicht so groß. Zwar möchte ich auch

* Henri Caffarel, Saal der tausend Türen. Briefe über das Gebet, Einsiedeln 1979.

gerne beten lernen. Aber wenn ich ehrlich bin, wende ich nicht allzuviel Mühe und Überlegung dafür auf. Während ich doch bei allem anderen, wonach mich sehr verlangt, alles dafür einsetze, um es zu erreichen. Wenn ich also wirklich beten lernen möchte, wird meine Sehnsucht danach noch sehr wachsen müssen. Und einen zweiten Hinweis gibt mir die Geschichte vom Einsiedler: Erst als der junge Mann nicht mehr um seiner selbst willen beten wollte, hatte er Erfolg. Solange er die höchste Wissenschaft erlangen oder ein Heiliger werden wollte, ging es ihm noch um ihn selbst. Erst als es ihm wirklich um Gott ging, konnte er beginnen, beten zu lernen. So höre ich es auch bei Jesus: „Wenn ihr betet, sollt ihr sagen: Vater unser im Himmel, geheiligt werde dein Name, dein Reich komme, dein Wille geschehe.“ Dann erst folgen die übrigen Bitten, in denen ich Gott mein Vertrauen ausspreche, daß er in allem für mich sorgen wird. Ich möchte gerne beten lernen. Aber bevor ich sage: Herr lehre mich beten, sollte ich wohl erst noch bitten: Herr, wecke in mir die Sehnsucht nach dir, damit ich wirklich beten lernen will.

„Sprich mit ihm“

Vor Jahren habe ich ein Buch über das Beten gelesen, das mich beeindruckt hat und mir in Erinnerung geblieben ist. „Sprechender Glaube“, so wurde das Beten da genannt. Und das leuchtete mir ein. Wenn ich meinen Glauben an Gott ausspreche, wenn ich Gott im Glauben anspreche, dann beginne ich zu beten. So einfach ist das. Aber trotz dieser hilfreichen Anregung blieb mein Beten unbefriedigend. Ich sagte mir: Wenn dein Gebet so dürftig ist, dann kann es auch mit deinem darin ausgesprochenen Glauben nicht weit her sein. Zwar geht es vielen von meinen Bekannten ebenso. Aber das ist nur ein schwacher Trost. Wie oft höre ich auch von Menschen, deren Gläubigkeit ich

bewundere, daß ihnen das Beten schwerfällt. Wie soll ich denn meinen Glauben im Gebet aussprechen? Dieser Tage fand ich in einem anderen Buch eine kleine Geschichte, die mir weitergeholfen hat. Henri Caffarel hat unter dem Titel „Saal der tausend Türen“ Briefe über das Gebet veröffentlicht. Darin erzählt er von einem Mönch: „Als Junge besuchte er ein großes Pariser Jugendheim. An einem Donnerstag im Winter hatte der Vikar am Ende eines langen Spielnachmittags zu den Älteren, die sich in der kleinen Kapelle zusammengefunden hatten, über das Gebet gesprochen. Unser Junge ließ seine Spielkameraden heimgehen, scheinbar, um dem Vikar beim Aufräumen zu helfen. In Wirklichkeit wollte er ihn etwas fragen, aber er wußte nicht, wie er es anfangen sollte. Beim Auskehren des Saales – da war es weniger peinlich als im direkten Gegenüber – sagte er schließlich: ‚Sie sagen uns dauernd, daß man beten soll, aber Sie lehren uns nicht, es zu tun‘ – ‚Das ist wahr. Du möchtest beten können? Gut, Franz, geh in die Kapelle und sprich dort mit ihm‘ – ‚Ich bin an diesem Abend in die Kapelle gegangen“, sagte der alte Mönch, ‚und bin wohl lange geblieben... Ich hatte zum erstenmal gebetet. Und ich glaube wohl, daß ich seither nicht mehr aufgehört habe, mit ihm zu sprechen‘“ (S. 20).
Es war ein sehr einfacher Rat: „Sprich mit ihm“. Für mich ist es ein wichtiger Hinweis. Denn wenn ich mit Gott zu sprechen beginne, dann ist er für mich ein wirkliches Gegenüber. Jemand, der da ist und zuhört. Mein Beten ist dann nicht mehr nur das mehr oder minder mechanische Hersagen geläufiger Worte. Es wird wirklich zur Aussage meines Glaubens an Gott. Was ich nur in unbestimmten Empfindungen in mir trage, verflüchtigt sich so leicht. Was ich in klare Worte zu fassen versuche, das gewinnt an Wirklichkeit und Echtheit. Es gelingt mir dann auch eher, aus meinem Beten unbedachte Floskeln oder Überreste kindlichen Denkens herauszulassen. Denn wenn ich damit rechne, daß Gott wirklich zuhört, dann werde ich dar-

auf achten, was ich da eigentlich sage, wenn ich bete. Und ob ich es auch wirklich meine und dahinterstehe. Noch mehr hilft es mir, wenn ich auch laut ausspreche, was ich Gott sagen möchte. So daß ich es mit meinen eigenen Ohren hören kann: Ich spreche mit Gott, weil ich an Gott glaube. Und ich sage ihm Dinge, die mir wichtig sind, weil ich glaube, daß er mich hört und sich für mich interessiert. Wenn Sie beten möchten, will ich Ihnen gern diesen einfachen Rat weitergeben: „Sprich mit ihm." Ich habe damit gute Erfahrungen gemacht.

Ich werde schon erwartet

„Kennen Sie das Gefühl der Verlassenheit, wenn bei Ihrer Ankunft in einer unbekannten Stadt – in einem Hafen, am Bahnhof, am Flugplatz – niemand da ist, der Sie erwartet? Wenn dagegen ein freundliches Gesicht Sie empfängt, Hände sich Ihnen entgegenstrecken: Wie wunderbar sind Sie dann getröstet, befreit von dem grausamen Eindruck, verirrt, verloren zu sein. Wie belanglos wird dann das fremde Gebaren, die fremde Sprache, diese ganze verwirrende große Stadt: Man erträgt es leicht, für alle ein Fremder zu sein, wenn man wenigstens für einen ein Freund, ein Bruder ist" (S. 14). Mit diesem Vergleich erläutert der französische Theologe Henri Caffarel in seinen Briefen über das Gebet die Überzeugung, daß Gott auf mein Gebet wartet. Daß ich also schon erwartet werde, wenn ich mich entschließe, zu Gott zu sprechen. Ist das nicht eine maßlose Selbstüberschätzung? Als hätte Gott nichts Besseres zu tun, als auf mich zu warten! Als könnte ich ihm etwas sagen, was ihn interessiert! Solche Einwände kommen mir gleich in den Sinn. Und doch glaube ich, daß Caffarel recht hat. Wenn Gott wirklich mein Vater ist, dann kann es ihm nicht gleichgültig sein, wie es mir geht und was ich ihm zu sagen habe. Und vielleicht will ja auch er mir etwas sagen. Ich versuche immer wieder, mein eigenes Beten zu überprüfen, was ich eigentlich sage und wie ich es tue und welche Empfindungen mein Gebet begleiten. Ich stelle immer wieder fest, daß ich beim Beten oft so spreche, als wäre ich allein, als führte ich nur Selbstgespräche. Und wenn ich mit mir selbst spreche, erwarte ich natürlich keine Antworten, außer denen, die ich mir selbst gebe. Manche Menschen führen freilich auch in Gegenwart anderer Selbstgespräche. Neulich hat mich ein älterer Herr besucht. Er wollte mit mir sprechen. Es hat zwei Stunden gedauert, und ich konnte kaum einmal Ja oder Nein dazwischen sagen. Er sprach ununterbrochen. Schließlich unterbrach ich ihn: Ich mußte gehen. Und er bedankte sich herzlich für das Gespräch. – Gespräch? Ich hatte nichts gesprochen, aber mir brummte der Kopf von seinem pausenlosen Reden. Ich glaube, Gott geht es oft so mit mir. Wenn ich schon bete, dann rede ich ständig. Und dann klage ich, weil Gott schweigt und ich mich allein und unverstanden fühle. Dabei wollte er vielleicht auch zu mir sprechen, auf seine leise Art, aber ich ließ ihn nicht zu Wort kommen. Ich erwarte gar nicht mehr, daß er da ist. Wie kann mein Beten wirklich zu einem Gespräch werden? Mir hilft der Gedanke, daß ich in dem unbekannten Raum des Gebetes, in dieser oft so fremden Stadt, schon erwartet werde. Auch wenn ich in die Kirche gehe und lauter fremde Menschen um mich habe: Wenn Gott schon auf mich wartet und mir entgegenkommt, bin ich kein Fremder mehr. Ich brauche nicht einmal das Gespräch zu eröffnen. Ich kann mich erst einmal von ihm willkommen heißen lassen und ihm dafür danken. Vielleicht kann ich sogar einfach schweigen und hören, was mir in den Sinn kommt, wenn ich an ihn denke. Und wie von selbst wird mir dann auch die Antwort über die Lippen kommen. Ich brauche meine innere Leere und Verlegenheit nicht durch einen Wortschwall zu überdecken. Ich kann damit rechnen, daß er sich mir zuwendet und mir hilft, mit ihm zu sprechen. Und ich glaube, daß Gott sich wirklich schon darauf freut, daß ich mir einmal Zeit nehme und zu ihm komme. Er erwartet mich schon.

Ihm meine Zeit zum Geschenk machen

Wir werden von der Sorge geplagt, daß manche Dinge, die wir nötig brauchen, immer knapper werden. Immer mehr Menschen müssen zum Beispiel von den immer geringer werdenden Reserven an Rohstoffen und Energiequellen leben. Diese Sorge ist leicht zu begreifen. Viel schwerer fällt es mir, zu verstehen, warum nicht nur diese handfesten Dinge, deren Bestände man errechnen kann, knapper werden, sondern scheinbar auch die uns zur Verfügung stehende Zeit. Ungezählte Menschen leiden unter Zeitnot. Ich gehöre auch dazu. Fast scheint es, als gingen auch die Zeitreserven allmählich zu Ende. Woher das auch kommen mag, daß Zeit so knapp geworden ist: Mich bringt es auf den Gedanken, daß sie doch etwas sehr Kostbares sein muß, wenn es davon immer zu wenig gibt. Und etwas derart Kostbares eignet sich dann wohl auch zu einem Geschenk. Ich bin sehr ungeschickt, wenn es darum geht, einem Menschen Zeichen meiner Freundschaft zu geben. Mir fällt fast nie ein entsprechendes Geschenk ein, das ich ihm machen könnte. Aber Zeit: die kann ich verschenken. Wenn ich für jemand Zeit übrig habe, zeige ich ihm, daß mir viel an ihm liegt. Für mich ist diese Einsicht zu einer hilfreichen Brücke für mein Gebet geworden. Oft bin ich so phantasielos, wenn ich zu Gott sprechen möchte. Mir fällt nichts ein, und ich weiß auch nicht, wie ich ihm zeigen soll, daß mir wirklich viel an ihm liegt. Da ist es für mich ein Trost, daß ich ihm wenigstens ein wenig Zeit schenken kann. Zeit, die ich für Gott übrig habe. Und dieses Geschenk ist wirklich kostbar, denn Zeit ist etwas, wovon ich nicht viel habe. Ich habe lange gebraucht, bis mir diese

Möglichkeit bewußt wurde, daß ich an Gott Zeit verschenken kann. Ich bin Priester und verbringe infolgedessen viel Zeit mit Gottesdiensten und pflichtgemäßem Gebet und viel weitere Zeit mit dem Dienst, den ich um Gottes willen in der Kirche leiste. Aber das alles sind gewissermaßen dienstliche Beziehungen zu Gott. Meine Liebe möchte ich ihm gerne zeigen, indem ich ihm sozusagen auch außerdienstlich noch Zeit schenke, Zeit, in der ich Stille suche, mich nach Möglichkeit zurückziehe, um ungestört an Gott zu denken, auf ihn zu hören und zu ihm zu sprechen. Vielleicht denken Sie jetzt: Das ist schön und gut. Aber bei mir geht das nicht. Ich finde den ganzen Tag über nicht eine solche stille Zeit, die ich mit Gott verbringen könnte. Stimmt das? In den Briefen über das Gebet von Henri Caffarel habe ich folgenden Vergleich gefunden: Jeder Tag hat sechsundneunzig Viertelstunden. Einen großen Teil davon brauche ich für meine Arbeit. Einen weiteren Teil für meinen Schlaf. Etliche Viertelstunden sind durch Mahlzeiten belegt. Dann gibt es auch Viertelstunden, in denen ich unterwegs bin und weitere Viertelstunden für all die kleinen Verrichtungen und Aufenthalte dazwischen. Sollte von diesen sechsundneunzig Viertelstunden wirklich keine mehr für Gott übrig sein, ein sechsundneunzigstel meines Tages, das ich Gott schenken könnte? (vgl. S. 32). Was dann aus dieser verschenkten Zeit wird, ist eigentlich nicht mehr meine Sache. Gott wird schon etwas daraus machen. Und er kann mit dieser Zeit wirklich machen, was er will. Es braucht nichts für mich dabei herauszukommen. Auch wenn ich gefühlsmäßig leer ausgehe: Was ich wollte, habe ich doch erreicht: Ich habe Gott etwas Kostbares geschenkt: ein Stück Zeit.

Mit Leib und Seele beten

Man soll einen Menschen des Morgens nicht zu plötzlich wecken, so habe ich in einer Sammlung chinesischer Weisheitssprüche gelesen. Denn wenn der Mensch schläft, schweife seine Seele im Land umher und betrachte dieses und jenes. Wenn nun der Schlafende zu plötzlich wachgerüttelt wird, findet die Seele nicht so schnell in ihren Leib zurück. Und ohne sie stolpert der Mensch führungslos in den Tag. Ein Zustand, den ich fast täglich erlebe, wenn mein Wecker mich jäh aus dem Schlaf reißt. Aber auch sonst kenne ich die Erfahrung, daß ich zwar körperlich da, aber geistig abwesend bin. Bei manchen Tätigkeiten ist das auch nicht schlimm. Die kleinen Handgriffe des täglichen Lebens verrichte ich mechanisch, wie im Schlaf. Anders ist es, wenn ich mit einem Menschen zu tun habe. Da kann mich mit Recht der Vorwurf treffen: Wach auf; du bist ja gar nicht da!, obwohl ich ihm leiblich gegenübersitze. Wenn ich als Mensch ganz da sein will, ist eben beides nötig: Leib und Seele. Und so ist es zwar sehr tröstlich, wenn mir jemand sagt, er sei in Gedanken bei mir und begleite mich im Geist. Besser wäre es aber, er wäre auch leibhaft da. Denn nur so könnte er wirklich bei mir sein. Diese Grundtatsache, daß ich mit Leib und Seele Mensch bin, ist nicht nur für meine mitmenschlichen Kontakte wichtig, sondern auch für meine Beziehung zu Gott. Ich habe den Eindruck, daß mein Beten oft daran scheitert, daß ich nicht wirklich als Mensch, mit Leib und Seele, bete. Da finde ich mich zum Beispiel in der Kirche, vollziehe die üblichen Gesten, spreche die üblichen Worte, mechanisch, wie im Schlaf. Und mein Geist ist ganz woanders. Oder ich versuche zu beten und beginne, mit Gott zu sprechen, aber mein Leib ist mit etwas ganz anderem beschäftigt. Ich rutsche nervös hin und her, kann mich nicht ruhig halten und sehe zu, daß ich bald fertig bin mit meinem Beten. Wie soll da ein Kontakt zu Gott zustandekommen? Oder ich bemerke, wie ich halt- und haltungslos auf meinem Stuhl hänge und wundere mich noch, daß mein Gebet so oberflächlich und unzusammenhängend ist. Mein Inneres kann ich nur selten wirkungsvoll beeinflussen. Wohl aber meinen Leib. Deshalb habe ich es mir angewöhnt, beim Beten bewußt auf meine Haltung zu achten. Ich glaube nicht, daß es eine bestimmte Haltung sein muß. Ob ich stehe oder sitze, knie, liege oder gehe: In jeder Weise kann ich leiblich gesammelt und gegenwärtig sein, kann wirklich Haltung annehmen. Und ich mache die Erfahrung, daß dann mein Geist sich auch leichter dazu bequemt, sich zu ordnen, zu straffen und gesammelt gegenwärtig zu sein. In der Reitersprache kennt man den Ausdruck: sein Pferd versammeln. Es strafft sich unter dem Druck der Schenkel seines Reiters und ist bereit zum Sprung oder zum Galopp. So möchte auch ich meinen Leib versammeln, wenn ich beten will, um mit Leib und Seele bereit zu der Begegnung mit Gott zu sein. Es gibt eine Sprache des Leibes. Wie ausdrucksvoll vermögen manche Menschen durch Gesten und Minenspiel zu sprechen. Mir hilft es bei meinem Sprechen mit Gott, leibhaft auszudrücken, was ich sagen will. Die erhobenen Hände, bittend geöffnet, eine tiefe Verneigung, ja sogar ein freundlicher Blick und ein Lächeln an ihn, den unsichtbar Gegenwärtigen gerichtet: Damit kann ich manchmal mehr sagen als mit meinen so unbeholfenen Worten. Und Gott kennt und liebt die Sprache meines Leibes. Er hat ihn ja erschaffen.

Leben mit dem Tod

Sterben – Lebensbedrohung oder Lebenshilfe?

Der Anfang des Monats November weckt eindringlich die Erinnerung an den Tod. Die Menschen, mit denen wir täglich umgehen, sind nur ein Teil der Gemeinschaft, zu der wir gehören. Die Gedenktage Allerheiligen und Allerseelen erinnern uns daran, daß ein großer Teil unserer Bekannten schon jenseits der Todesgrenze lebt. Vielleicht ist manchem die Erinnerung an diesen oder jenen Verstorbenen wieder lebendig geworden. Damit verbindet sich aber auch der Gedanke an mein eigenes Sterben. Wie gehe ich mit diesem Gedanken um? Macht er mir Angst? Ist er mir gleichgültig? Schiebe ich ihn schnell beiseite, um mich der Alltagswirklichkeit zuzuwenden? Empfinde ich den Gedanken an mein Sterben als lebensbedrohend, oder kann er sogar zur Lebenshilfe werden?

Was mag die alten Ägypter bewogen haben, ihre Königsgräber zu großartigen Pyramiden auszugestalten? Was dachten sie dabei, wenn sie ihre Grabkammern prunkvoll ausstatteten und mit allem Lebenswichtigen versahen? Ist das nicht jedenfalls ein Zeugnis dafür, daß diese Menschen die Augen vor dem Tod nicht verschließen wollten? Ja, daß sie mit dem Sterben eine starke Hoffnung auf Leben verbanden, wie immer man sich dieses Leben jenseits der Todesgrenze auch vorstellen mochte. Aber zeigen solche prunkvollen Gräber nicht auch, daß für ihre Erbauer der Tod fast wichtiger war als das Leben? Wenn die Grabkammern kostbarer werden als die Häuser, wird dann der Totenkult nicht unversehens doch wieder lebensbedrohend?

Was bewegt viele Menschen unserer Zeit dazu, die Erinnerung an den Tod möglichst auszuklammern? Die Friedhöfe sind gut verborgen. Selten sieht man Menschen an den Gräbern. Die Sterbenden werden ebenfalls gut verborgen. Nur wenige Menschen erleben das Sterben ihrer Angehörigen mit. Und die Toten werden auch gut verborgen. Kaum sieht man noch einen Leichenzug durch die Stadt ziehen, allenfalls einen diskret gekennzeichneten Leichenwagen. Macht die Berührung mit dem Tod den Menschen unrein, wie es alttestamentliche Überzeugung war? Muß man fürchten, vom Tod gleichsam angesteckt zu werden, wenn man ihm zu nahe kommt? Wenn wir dem Tod so aus dem Wege gehen, zeigt sich darin, daß wir für die Toten wenig Lebenshoffnung haben; daß uns vor ihrem Schicksal graut und wir am liebsten davor die Augen verschließen möchten. Und wenn es sich dann nicht vermeiden läßt, wenn ein naher Angehöriger stirbt oder ein guter Freund oder gar der eigene Ehepartner, wird dann nicht der fremdgewordene und beiseite geschobene Tod erst recht lebensbedrohend?

Ich meine, daß es noch eine andere Weise geben müßte, mit dem Tod umzugehen. Weder so, daß er verherrlicht und dem Leben vorgezogen wird, noch so, daß er verschwiegen wird und als unheimliche Bedrohung im Hintergrund lauert. Mir weist das mutige Wort des heiligen Franz von Assisi einen Weg, der den Tod Bruder nennt. Er sieht in ihm einen Bruder, von dem man gute Dienste erwarten darf. Vor allem den Dienst, daß er alles Todverfallene in uns tötet, damit alles zum Leben Bestimmte befreit wird. Ich möchte gerne mit diesem Bruder Tod ins Gespräch kommen, damit er seinen Schrecken verliert und mir seinen Dienst am Leben enthüllt.

Viele Menschen leiden darunter, daß sie keine Zeit haben. Entsprechend bemühen sie sich, keine Zeit zu verlieren. Aber was ist verlorene Zeit? Wenn ich mich auf ein Gespräch einlasse, bei dem nichts herauskommt? Wenn ich eine Arbeit beginne, deren Erfolg unsicher ist? Ich werde manchmal darauf hingewiesen: Gib dir doch darum keine Mühe, das ist verlorene Zeit. Und manche Menschen sagen mir auch: Ich möchte dir deine kostbare Zeit nicht nehmen. Ich glaube, daß manches, was wie Zeitverlust aussieht, in Wahrheit gewonnene Zeit ist. Dann nämlich, wenn ich mich mit ganzer Aufmerksamkeit dem zuwende, mit dem ich jetzt gerade zu tun habe. Gewonnene Zeit ist, wenn ich in der Gegenwart lebe; verlorene Zeit, wenn ich mich in die Vergangenheit oder in die Zukunft flüchte. Wenn ich es so betrachte, habe ich freilich den Eindruck, daß ich häufig meine Zeit verliere. Ich hänge zum Beispiel vergangenen Dingen nach. Ich erinnere mich an ein Gespräch. Und durch meinen Kopf gehen alle die schlagfertigen Antworten, die ich gerne gegeben hätte. Aber sie fallen mir erst jetzt ein. Oder ich verweile bei meinen Erinnerungen an die gute, alte Zeit; wie wir das damals gemacht haben. Aber diese Welt ist jetzt nicht mehr. Wichtiger ist es, die Augen für die heutige Welt zu öffnen. Die Zeit nämlich, in der ich mich in der Vergangenheit aufhalte, gehört schon der Vergangenheit. Es ist eine Zeit, die der Gegenwart meines Lebens verloren geht. Ähnlich kann es mir mit der Zukunft gehen. Ich denke mir aus, was eventuell nächstes Jahr sein wird. Ich nehme die Sorgen von übermorgen vorweg und zermartere mir das Gehirn mit Lösungsmöglichkeiten von Problemen, die noch gar nicht existieren. Mit diesen zukünftigen Sorgen verderbe ich mir die Gegenwart. Auch das ist verlorene Zeit.
Gewiß ist es wichtig, die Vergangenheit im Gedächtnis zu bewahren und für die Zukunft vorzusorgen, aber doch

nur, insofern das für mein heutiges Leben wichtig ist. Jesus erzählt ein Gleichnis von einem reichen Bauern, der eine gute Ernte zu erwarten hat. Er macht sich Gedanken darüber, wie er sie unterbringen soll. Schließlich nimmt er sich vor, seine Scheunen abzureißen und größere zu bauen. Dann ist für die Zukunft gesorgt, und er kann es sich wohl sein lassen. Ihm gilt das Wort: „Du Narr! Noch in dieser Nacht wird man dein Leben von dir zurückfordern. Wem wird dann all das gehören, was du angehäuft hast?“ Du Narr, wenn heute dein Leben zu Ende ist, war es dann nicht umsonst, verlorene Zeit, daß du dir um die Zukunft Gedanken gemacht hast?
Mir fällt dieses Gleichnis häufig ein, besonders, wenn ich mich wieder einmal bei Träumen und Sorgen um die Zukunft ertappe. Du Narr, wer weiß, ob sie überhaupt auf dich zukommt, diese Zukunft. Ich möchte lieber heute leben, ganz der Gegenwart zugewendet. Ich möchte gerne so leben, daß ich am Abend jeden Tages sagen kann: Wenn es heute mein letzter Tag war, ist es gut. Ich kann in Frieden gehen. Wenn es mir gelingt, so gegenwärtig zu leben, dann finde ich mich in tiefer Gelassenheit. An irgendeinem Tag wird der Tod mir dann sagen: Es ist genug. Wenn er mich ganz gegenwärtig findet, wird er mich nicht erschrecken. Ich kann das Gegenwärtige lassen, um mich der neuen, unausdenkbaren Gegenwart zu öffnen.

Einübung ins Sterben

Es gibt Menschen, die den Tag im Normalfall voller Vitalität beginnen. Morgenstund hat Gold im Mund. Ich allerdings, und gewiß nicht nur ich, erlebe den Morgen meistens in bleierner Müdigkeit. Und das nicht nur an einem trüben Novembertag. Abends bin ich wacher und gehe oft nur schlafen, weil die Vernunft es gebietet. Andere Menschen sehnen am Abend den Augenblick herbei, wenn sie endlich erschöpft ins Bett gehen können. Eigentümlich ist dieser Wechsel von Wachen und Schlafen, und voller Symbolik. Als Kinder haben wir vielleicht mit allen Tricks versucht, das Schlafengehen hinauszuzögern. Als wollte das Kind den Tag nicht lassen; als könnte es nicht recht glauben, daß morgen wieder ein Tag sein wird. Allmählich lernt man es dann, dem Abend sein Recht zu geben. Ich lege die Dinge aus der Hand, auch die noch unvollendeten. Morgen ist auch noch ein Tag. Liegt im Einschlafen nicht ein ungeheures, ursprüngliches Vertrauen: Wenn ich mich jetzt der Ohnmacht des Schlafes überlasse, werde ich doch wieder erwachen und finde mich und meine Welt wieder vor. Vielleicht ein wenig verändert; manches sieht anders aus, wenn man darüber geschlafen hat. Aber es ist doch meine Welt. Diese Erfahrung möchte ich gerne in den Abend meines Lebens mitnehmen. Wenn ich müde geworden bin von des Lebens Mühe, darf ich alles und mich selbst loslassen. Und ich darf vertrauen, daß ich zu einem neuen Tag erwachen werde, zu einem Leben, das gewiß ganz anders sein wird als alles, was ich kenne. Aber doch ein Leben, in dem ich mich selbst wiederfinde. Es ist, als wollte die alltägliche Ordnung unserer Natur uns ganz behutsam in die große Aufgabe des Sterbens einüben. Als sollte uns täglich ein Zeichen des Vertrauens gegeben werden, daß auf den Lebensabend wirklich der endgültige, neue Tag folgt.

Ein schönes Bild. Aber es wird durch die harte Wirklichkeit in Frage gestellt. Da gibt es nicht nur das friedliche Sterben als Abschied von einem langen, erfüllten Leben. Da gibt es auch das jähe Herausgerissenwerden. Nicht jeder Abschied gelingt; manchmal wird daraus ein Abbruch. Das Sterben hat viele grausame Gesichter, und nicht weniger grausam sind oft seine Vorboten. Soll ich dennoch glauben können, daß der Tod nicht einfach das bittere Ende ist? Hier komme ich mit meinem eigenen Nachdenken nicht weiter. Aber ich bekomme gleichsam von der anderen Seite her die Botschaft: Dennoch sollst du leben. Trotz aller mißlungenen Abschiede, sinnlosen Abbrüche und gescheiterten Anstrengungen brauchst du nicht zu verzweifeln. Jesus Christus gibt mir diese Botschaft: Ich bin hineingestorben in die Nacht meiner Ohnmacht, die Nacht sinnlosen Leidens, in die Nacht der Ferne Gottes. Ich bin alle deine Tode gestorben. Und siehe: Ich lebe. Diese Botschaft gibt mir die Hoffnung, daß wirklich jenseits des Todes Leben ist, nicht nur jenseits des gelungenen, friedlichen Abschieds, sondern jenseits jedes Todes. In dieser Zuversicht kann ich abends einschlafen. In dieser Hoffnung kann ich auch Mißlungenes, Scheitern und Schuld ertragen. Der Herr des Lebens hat mir, hat uns einen neuen Tag bereitet.

Bruder Tod

Auf manchen Bildern wird ein Mönch dargestellt, der auf dem Tisch in seiner Zelle einen Totenkopf hat. Dieses Sinnbild seiner Vergänglichkeit hat er immer vor Augen. Und gewiß ordnen sich angesichts des Totenkopfes manche Dinge. Es wird deutlicher, was wichtig ist und was nicht. Ich möchte trotzdem keinen Totenkopf auf meinem Schreibtisch haben. Denn mir ist es wichtiger, mich beständig daran zu erinnern, daß ich leben soll, endgültig leben. Und auch dieser Gedanke rückt manches zurecht. Dennoch gehört die Erinnerung an den Tod zu einem bewußten Leben hinzu. Nur, wie soll ich mir den Tod vorstellen? Was sterben heißt, habe ich an sterbenden Menschen oft genug erlebt. Was aber der Tod ist, darüber sagt der tote Mensch nichts mehr. Wie soll ich also mit dem Tod ins Gespräch kommen, damit er mir vielleicht doch etwas von seinem Geheimnis aufdeckt?
In früheren Zeiten hat man den Gevatter Tod in Literatur und Kunst zu Sprache und Erscheinung kommen lassen: als Knochenmann mit einer Sense oder Waage. Eigentlich ist das kein schlimmes Bild, sondern ein tröstliches. Der

Tod erntet mein Leben wie eine reife Frucht; er wägt und rückt zurecht, was zum Leben taugt. Ich könnte mich mit diesem Bruder Tod in einer ruhigen Stunde gleichsam an einen Tisch setzen, um zu hören, was er mir zu sagen hat. Er fragt mich: Möchtest du nicht leben? Gewiß möchte ich das. Aber, so fragt er, ist das wirklich leben, was du tust? Ich protestiere gegen diese Frage: Natürlich ist das Leben. Daß ich atmen kann, daß ich morgens aufwache, das Wunder, daß mein Leib mir gehorcht, der Blick und das Wort eines vertrauten Menschen, die Freude und die Last der Arbeit: Das alles zeigt mir doch, daß ich lebe. Und ich habe meine Freude daran. Der Gevatter Tod hat keinen Einwand, er gönnt mir das Leben. Aber dennoch beschäftigt mich seine Frage: Möchtest du nicht wirklich leben, ohne Einschränkung? Ist das wirklich Leben, was du erlebst? Bei näherem Zusehen bleiben doch manche Wünsche offen. Da ist zum Beispiel die Tatsache, daß die Zeit nie reicht. So vieles muß ich unvollendet liegen lassen. Da ist die Erfahrung, daß der Raum mich festlegt. Ich kann nicht zugleich hier sein und woanders, wo ich doch auch gerne wäre. Aber schlimmer noch: Ich möchte leben, indem ich mich anderen Menschen zuwende, indem ich du zu dem Menschen sage, den ich liebe. Und ich möchte erfahren, daß auch er mich sieht und liebt. Und doch ist da so etwas wie eine Mauer zwischen uns: Ich komme nur schwer aus mir heraus und kann den anderen nur schwer wirklich an mich heranlassen. Und wie vielen muß ich den Rücken kehren, wenn ich mich einem zuwende! Doch, es gibt schon eine ganze Reihe von Wünschen, die noch offen bleiben, wenn es wahr ist, daß ich in Fülle leben soll. Ob ich den Bruder Tod wohl bitten kann, mich von diesen Grenzen zu befreien? Vielleicht tut er mir den Dienst, daß er alles Begrenzte, Verderbliche, Todverfallene in mir tötet, so daß nur das reine Leben übrig bleibt. Wie das geht, kann ich mir nicht recht vorstellen. Aber ich glaube, daß er mir diesen Dienst tun wird, der Bruder Tod.

Gemeinschaft über die Grenze

Zum Leben des Menschen in seiner Welt gehören Grenzen. Sehr unterschiedliche Grenzen. Da gibt es in den Bergen die Baumgrenze, am Meer die Grenze der Flut. Es gibt die Grenzen, die der Mensch zieht zwischen Ackerland und Weide, zwischen einem Land und dem anderen. An der Grenze endet das eine, und das andere beginnt. Die Grenze lockt, sie zu überschreiten und zu sehen, was jenseits liegt. Andere Grenzen gibt es, die man nicht überschreiten soll: die Grenze der Kraft, die Grenze der Geduld, die Grenze des Zumutbaren. Jenseits dieser Grenzen kann der Mensch nicht leben. Es ist unsere Aufgabe, solche Grenzen zu erkennen und anzuerkennen. Dann gibt es auch noch böse Grenzen, solche, die zerschneiden, was eigentlich zusammengehört. Unversöhnlicher Streit kann zum eisernen Vorhang werden, der ganze Familien oder auch ganze Welten zerreißt. Unter all diesen Grenzen gibt es schließlich die Grenze des Todes. Was sagt sie mir? Wenn du leben willst, geh nicht weiter? Oder lockt auch diese Grenze zu sehen, was jenseits ist? Oder ist sie der böse Schritt, der Zusammengehöriges zerreißt? Wie viele Menschen müssen erleben, daß sie durch den Tod des Ehepartners oder eines lieben Freundes gleichsam amputiert und zerrissen zurückbleiben! Dann bleibt die Trauer, nicht so sehr für den Verstorbenen, sondern für den Alleingelassenen. Und oft genug dazu noch die quälenden Vorwürfe. Was bin ich dem anderen alles schuldig geblieben! Jetzt ist es zu spät. Oder es bleibt die Bitterkeit des Gekränkten, der einem anderen noch über die Grenze des Todes hinweg nachträgt, was der ihm angetan hat. Unerbittlich zieht der Tod seine Grenze, so daß kein Weg hinüber und herüber führt.
Stimmt das? Viele Menschen machen seit jeher die Erfahrung, daß es offenbar doch geheimnisvolle Wege gibt, die über die Grenze des Todes führen. Da ist die Rede von

Stimmen aus dem Jenseits, von Botschaften der Verstorbenen. Ob die Toten am Ende doch gar nicht so tot sind, wie man meint? Ich finde solche Erfahrungen recht interessant, aber wenig hilfreich. Diese Botschaften, was sagen sie mir? Sie sagen, daß die Verstorbenen leben. Nun, davon bin ich ohnehin überzeugt. Aber sie sagen mir nicht, wie ich leben soll. Die Erfahrung, die uns die Verstorbenen voraushaben, können sie uns offenbar nicht ohne weiteres vermitteln. Mir ist eine andere Botschaft hilfreicher. Mein Glaube sagt mir, daß Jesus Christus auf beiden Seiten der Todesgrenze lebt; er ist Herr über Lebende und Verstorbene. Für ihn besteht die Grenze nicht mehr. Und wenn ich zu ihm gehöre, so bekommt die Todesgrenze auch für mich einen neuen Sinn. Auf beiden Seiten ist Leben. Der Tod wird am Ende zur verlockenden Grenze: Schau doch, was jenseits ist! Wenn Jesus Christus auf beiden Seiten der Herr ist, so kann ich ihm auch meine verstorbenen Freunde anvertrauen, und sie können ihm mich anvertrauen. Und so gibt es auf einmal schon jetzt einen Weg hinüber und herüber. Es gibt eine wirkliche Verbindung, Gemeinschaft über die Grenze. Wie gut, wenn diese Grenze schließlich ganz fällt und nur noch gemeinsames Leben übrig bleibt.

Gelungenes Leben

Ich möchte noch einmal über den Tod sprechen. Nicht weil ich keine Freude am Leben und an jedem neuen Lebenstag hätte, sondern weil ich glaube, daß ich gar nicht leben kann, ohne auch mein Sterben anzuschauen und anzunehmen. Mir ist es wichtig, die Gelegenheiten bewußt zu durchleben, die mich ins Sterben einüben: die Abschiede, Entscheidungen, Verluste und Grenzen. Ich möchte in solchen Alltagserfahrungen mit dem Bruder Tod ins Gespräch kommen, um zu hören, was er mir zu

sagen hat. Ich möchte jetzt schon über die Grenze des Todes hinüberschauen und Beziehung aufnehmen zu denen, die jenseits dieser Grenze leben. Aber warum? Was nützen mir solche Gedanken? Ist das nicht verlorene Zeit, sich damit zu beschäftigen? Ich glaube nicht. Denn an den Grenzen meines Lebens wird mir eher bewußt, was Leben ist und wie gelungenes Leben aussehen könnte. Das Todverfallene in mir muß sterben, damit bleiben kann, was zum Leben taugt. Der Gedanke an den Tod mag mir helfen, das zu unterscheiden. Es geht darum, daß mein Leben gelingt, daß ich in den Himmel komme, wie es die Glaubenssprache ausdrückt. Aber wie soll ich mir den Himmel vorstellen? Der Prophet Jesaja beschreibt das ersehnte Reich Gottes. Dort wird der Löwe Stroh fressen wie das Rind, Kuh und Bärin freunden sich an, der Säugling spielt vor dem Schlupfloch der Natter. Nun, das sind Bilder aus der Perspektive des Menschen, Bilder, in denen der Löwe zum Beispiel kaum das Ziel seiner Sehnsucht finden würde. Aber die Bilder zeigen, was das Bildwort vom Himmel meint: Gelungenes, ungefährdetes Leben. Es gibt keine Feindschaft mehr und keinen Tod. Mensch und Welt haben zur Harmonie gefunden.
Ist das nur ein Bild für das Jenseits, oder gibt es diesen Himmel schon auf Erden? Nun, das wirklich gelungene Leben erleben wir hier nicht. Aber es ändert mein Leben, wenn mir ein Ziel vor Augen steht, eine Richtung, in die ich gehen soll, um Leben zu finden. Ich werde dann versuchen zu tun, was in dieser Richtung liegt, und zu lassen, was ihr widerspricht. Deshalb lohnt es sich, dem Leben zu dienen, sich den Mitmenschen zuzuwenden und ihnen zu helfen, daß sie leben können.
Es lohnt sich, unsere Welt zu schonen und zu pflegen, damit man darin leben kann. Wie gesagt, ich stelle mir den Himmel nicht so vor, wie ihn der Prophet Jesaja beschreibt. Aber ich stelle mir gelungenes Leben so vor, daß ich im Einklang mit mir selbst bin, daß ich in offener Zu-

wendung zu meinen Mitmenschen leben kann, daß ich Frieden finde mit der Natur, die mich umgibt, daß mein Leben mehr und mehr die Form gewinnt, die Gott sich dafür gedacht hat. Gewiß ist bis dahin noch ein weiter Weg. Aber nichts hindert mich daran, schon ein paar Schritte auf diesem Weg zu tun. Ich kann jetzt schon damit beginnen, das Bleibende zu suchen und das Vergängliche gelassen zu gebrauchen oder auch zu lassen. Ich kann mich vom Tod belehren lassen, was zum Leben taugt und was nicht. Wenn ich so lebe, dann erlebe ich doch jetzt schon ein wenig den Himmel auf Erden und erlebe jetzt schon ein wenig die Vorfreude auf das, was mich jenseits des Todes erwartet.

Die Kraft der Verwandlung

Wie in einem Spiegel

Für den Autofahrer kann es manche unangenehme Überraschung geben. Zum Beispiel Nebel auf der Autobahn. Er ist so dicht, daß man höchstens 50 fahren kann. Mit aller Konzentration starre ich in die weiße Wand, um etwaige Hindernisse rechtzeitig zu sehen. Es könnte ja ein Auto infolge einer Panne auf der Fahrbahn stehen. Oder ein Auffahrunfall; wie leicht fährt man dann auch noch hinein. Es gilt nach den roten Rücklichtern noch langsamer fahrender Wagen zu schauen. Wie gut, daß es die weiße Randmarkierung gibt und den Mittelstreifen. Sonst wäre man völlig aufgeschmissen. Man muß auch darauf achten, daß man die Ausfahrt nicht verpaßt. Kaum sind die blauen Schilder wahrzunehmen.
Sie kennen sicher solche Situationen. Die Augen schmerzen vom angestrengten Schauen, man sitzt verkrampft und wird müde. Womöglich kommt man auch noch in Zeitdruck wegen der unerwarteten Verzögerung. Eine recht unnütze Geschichte, so eine Nebelbank, und gefährlich obendrein. Hoffentlich komme ich bald heraus.
Mir ist bei solchen Nebelfahrten schon manchmal der Gedanke gekommen, wie es wohl wäre, wenn wir immer Nebel hätten. Es könnte ja sein. Wir würden immer nur 50 m weit sehen. Nicht einmal, was auf der anderen Straßenseite vor sich geht, könnte man klar erkennen. Nur rätselhafte Umrisse würden sich abzeichnen, von denen man nie weiß, ob es Phantasiegebilde oder wirkliche Dinge sind. Die Worte Ausblick, Fernsicht, Panorama wären uns unbekannt. Wir wüßten nicht, wie ein Berg aussieht, wir hätten nie den Eindruck eines weiten Feldes, eines Flußlaufes oder eines Waldrandes am Ende einer Wiese. Schnelle Au-

tos hätten keinen Sinn. Man könnte nur auf Schienen fahren. Nie hätten wir den Horizont gesehen, nie die Sonne, den Mond, die Sterne. Den Tag würde man nur daran erkennen, daß der Nebel etwas heller wäre. Was wäre das für ein Leben! Wie gut, daß nicht immer Nebel ist. Aber es könnte ja sein. Man kann versuchen, sich vorzustellen, wie es wäre.

Nehmen wir an, es käme dann einer von einem anderen Land, wo kein Nebel ist, oder von einem anderen Planeten. Er würde uns erzählen, wie das ist ohne Nebel. Die Farben, das Licht, der weite Horizont. Der Anblick eines Berggipfels vor dem blauen Himmel, die untergehende Sonne oder die Mondsichel inmitten der Sterne. Wir könnten mit seinen Worten gar nichts anfangen; wir würden nicht verstehen, wovon er spricht. Wahrscheinlich würden wir ihm bald gar nicht mehr zuhören. Was willst du eigentlich, würden wir sagen; wir leben doch ganz gut in unserem Nebel.

Was sollen diese Phantasiegedanken? Ich will mit einem Satz aus der Heiligen Schrift erklären, was ich meine. Da heißt es im ersten Korintherbrief: „Jetzt schauen wir in einen Spiegel und sehen nur rätselhafte Umrisse, dann aber schauen wir von Angesicht zu Angesicht. Jetzt erkenne ich unvollkommen, dann aber werde ich durch und durch erkennen, so wie auch ich durch und durch erkannt worden bin.“ (1 Kor 13,12). Mit solchen Worten versucht Paulus den Unterschied zwischen unserem jetzigen und dem endgültigen, kommenden Leben nach dem Tod zu umschreiben. Wir können uns nicht vorstellen, wie es dann sein wird. Es fehlt uns ja jede Erfahrung. Paulus selbst konnte sich das sicher auch nicht vorstellen. Er ist aber offenbar davon überzeugt, daß uns nach dem Tod ein Leben erwartet, im Vergleich zu dem alles Bekannte verblaßt. Er schreibt: „Wir verkündigen, wie in der Schrift steht: Was kein Auge gesehen und kein Ohr gehört hat, was keinem Menschen in den Sinn gekommen ist: wie Großes Gott denen bereitet hat, die ihn lieben" (1 Kor 2,9). Der Unterschied muß wohl noch größer sein als der zwischen Nebel und klarer Sicht. Stellen Sie sich das Erstaunen vor, das jemand empfindet, der bisher nur im Nebel gelebt hat und plötzlich in die ungetrübte Klarheit eines Sonnentages kommt. So ähnlich muß es sein nach dem Tod. Ich bin jedenfalls schon sehr neugierig darauf.

Die Kraft der Verwandlung

Neulich hatte ich Gelegenheit, eine Papierfabrik zu besichtigen. In Maschinen von gewaltigen Ausmaßen konnte man unter furchterregendem Getöse das Papier in breiten Bahnen entstehen sehen. Ein beeindruckender Vorgang. Mit am stärksten hat mich aber beeindruckt, welch eine Verwandlung da stattfindet von dem Rohmaterial bis zum fertigen Papier. Gewiß braucht man für hochwertige Produkte auch hochwertiges Material, aber es ist doch unglaublich, wie man auch aus Lumpen, eingestampften Zeitungen und Büchern und den unansehnlichsten Papierfetzen noch nützliche Dinge machen kann. Das ist ja überhaupt etwas Faszinierendes an der Industrie: die unausschöpfbaren Möglichkeiten, Dinge zu verwandeln. Sie werden neu zusammengesetzt, miteinander vermischt, geschmolzen, verklebt, geformt und zerstückelt, und am Ende steht irgendein neuer, brauchbarer, vielleicht sogar schöner Gegenstand, dem man nicht mehr ansieht, woher er kommt. Es ist wirklich erstaunlich, was man aus den Dingen alles machen kann. Und sicher werden wir noch ungeahnte weitere Möglichkeiten entdecken, aus dem Vorhandenen Neues zu fabrizieren.
Diese Kraft der Verwandlung durch die Technik wird aber bei weitem noch überboten durch das, was im Bereich des Lebendigen vor sich geht. Wenn man eine Pflanze betrachtet oder ein Tier, und sich dabei vorstellt, woraus sie ihre

Gestalt gebildet haben, ihre Farben und Formen, ihre Kraft und Schönheit: Man sollte es nicht für möglich halten. Und wir selbst erst; Luft und Wasser, Licht und Nahrung nehmen wir in uns auf. Und was wir alles essen und trinken. Man kann es kaum glauben, daß der Körper in der Lage ist, daraus Zellen zu fabrizieren, Blut und Fleisch, Knochen und Sehnen, Haut und Haare, und das alles noch an seinem richtigen Platz in seiner richtigen Funktion. Überdies geht dieser unglaubliche Verwandlungsprozeß auf engstem Raum vor sich, ohne riesige Industrieanlagen, ohne qualmende Schornsteine, ohne Umweltverschmutzung und Lärm. Man kann nur staunen. Aber auch das ist noch nicht alles. Nicht nur in unserem Körper, sondern auch in unserem Geist gehen die bemerkenswertesten Umwandlungsvorgänge vor sich. Wir sehen etwas, wir hören etwas, wir lesen etwas und bilden uns daraus ein Urteil. Eine Vorstellung entsteht. Wir ziehen Schlußfolgerungen und ordnen die Eindrücke zu einem Gesamtbild. Ich möchte nun nicht fortfahren, zu schwärmen von diesen Verwandlungen geistiger Art, von den Vorgängen, die unsere Kultur, unser Wissen, Sprache und Kunst entstehen lassen. Ich möchte nur noch einen Satz aus der Heiligen Schrift anfügen, der mir in diesem Zusammenhang einfällt. Da schreibt Paulus an die Christen in Korinth: „Wir werden nicht alle entschlafen, alle aber verwandelt werden" (1 Kor 15,51). Und er erklärt das näher: „So ist es mit der Auferstehung der Toten: Was gesät wird, ist verweslich; was auferweckt wird, unverweslich. Was gesät wird, ist armselig; was auferweckt wird, herrlich. Was gesät wird, ist schwach; was auferweckt wird, ist stark. Gesät wird ein irdischer Leib, auferweckt ein überirdischer Leib" (1 Kor 15,42ff). Wenn das eintritt, dann steht uns offenbar noch eine Verwandlung bevor, die alles bisher Besprochene in den Schatten stellt. Eine Verwandlung, die so durchgreifend ist, daß die Heilige Schrift von einer neuen Schöpfung spricht. Das Rohmaterial ist unser derzeitiges Leben mit all dem Guten und weniger Guten, aus dem es sich zusammensetzt. Das Ergebnis ist das Leben, das Gott uns schenken will. Es ist eine Verwandlung, die schon einsetzt, wo der Mensch mit Gott in Verbindung kommt und sich von ihm formen und bestimmen läßt; eine Verwandlung, die aber erst offenkundig und endgültig sein wird, wenn unser jetziges Leben zu Ende ist. Wieder versagt unsere Vorstellungskraft. Aber wenn wir uns vergegenwärtigen, welche erstaunlichen Verwandlungen schon in unserem Erfahrungsbereich vor sich gehen, wie muß dann erst diese sein!

Nach Hause kommen…

Woran denken Sie, wenn Sie das Wort „Zelt“ hören? Mir kommt dabei die Vorstellung von eng und feucht und hart. Nun, das mag an meinem Zelt liegen; es gibt sicher komfortablere. Aber niemand, der damit Erfahrung hat, wird leugnen, daß nach einer längeren Zeltfahrt der Gedanke an ein festes Haus sehr verlockend ist. Man kann darin aufrecht stehen, man braucht den Sturm nicht fürchten, den Regen nicht und nicht die pralle Sonne. Es gibt Wasser und Heizung und Licht, ein heißes Bad und ein richtiges Bett. Vielleicht muß man ab und zu zelten gehen, um wieder richtig schätzen zu lernen, was es heißt, eine Wohnung zu haben. Ein Haus, in dem ich zu Hause bin, wo ich jeden Winkel kenne und weiß, wo die Dinge sind. Wo ich die Tür hinter mir zumachen kann und keiner hereinkommt, ohne mich zu fragen. Wo sich Atmosphäre entwickeln kann und Gemütlichkeit. Wahrscheinlich ist ja die feste Wohnung einfach eine Vorbedingung für das Entstehen einer Kultur. Ein Heim, das auszugestalten und zu verschönern sich lohnt.
Man muß sich das alles klarmachen, um zu verstehen, was es bedeutet, wenn Tausende von Menschen durch eine

Flutkatastrophe oder durch Unwetter plötzlich obdachlos werden. Oder wenn wir uns an die Vietnamflüchtlinge erinnern, die alles zurücklassen mußten. Viele von uns haben da ja genügend eigene Erfahrungen und Erinnerungen. Wer aus seinem Haus vertrieben wird, dem fehlt nicht nur irgend etwas, das leicht wieder zu ersetzen wäre; nein, er ist heimatlos, unbehaust; er weiß nicht, wo er hingehört; er ist fremd und unbekannt. Es fehlt ihm etwas, was zum Menschen einfach hinzugehört: die Verwurzelung in der eigenen Umgebung, die Verbindung mit denen, die vorher da lebten, die gemeinsame Sprache, gemeinsame Erlebnisse, die Zugehörigkeit zu den Menschen um mich herum.

In unserer Zeit ist das selten geworden, daß einer da lebt, wo er geboren ist, und daß er da auch stirbt. Die meisten Menschen werden viel umhergetrieben, nicht allein durch äußere Gewalt oder Naturkatastrophen, sondern einfach durch die beruflichen Chancen, die sich mal hier, mal dort bieten. Durch Versetzungen und Beförderung in einen größeren Wirkungskreis. Oder einfach durch den Wunsch, einmal etwas anderes zu sehen. Das hat gewiß auch viel Reizvolles, solange man noch auf der Suche nach der eigenen Lebensaufgabe ist. Aber wenn einmal der zweite oder dritte oder vierte Umzug war, dann möchte doch fast jeder bleiben, wo er ist, dann wird die Sehnsucht nach Beständigkeit und Heimat übergroß. Ganz ungetrübt ist die Freude an der Seßhaftigkeit allerdings nie. Nicht nur, daß man nicht weiß, was noch alles kommt, wie die Zeiten sich entwickeln. Jeder von uns weiß, daß irgendwann die Pensionierung kommt und irgendwann der Tod. Da steht uns noch ein letzter Umzug bevor, für den man zwar nichts zu packen braucht, dafür aber alles Liebgewonnene zurücklassen muß. Eine schlimme Aussicht. Ich finde es dabei sehr tröstlich, daß uns die Heilige Schrift für diesen einschneidendsten Umzug viel Mut macht. Wir brauchen uns keine Sorgen zu machen, ob wir eine Wohnung finden, wie sie sein wird, wer uns helfen wird, sie einzurichten. Christus sagt: „Im Haus meines Vaters sind viele Wohnungen. Wenn es nicht so wäre, hätte ich euch dann gesagt: Ich gehe hin, um euch einen Platz zu bereiten? Wenn ich hingegangen bin und euch einen Platz bereitet habe, komme ich wieder und werde euch zu mir holen, damit auch ihr dort seid, wo ich bin" (Joh 14,24). Wenn dieser letzte Umzug so gut vorbereitet ist, wenn Christus vorausgegangen ist, um uns zu empfangen, dann brauchen wir uns eigentlich nicht zu fürchten. Wir kommen nicht in die Fremde, sondern vielmehr nach Hause.

Frohes Erwachen

Der Morgen ist nicht gerade meine beste Zeit. Aus dem Bett komme ich ja noch, aber bis die Lebensgeister richtig erwacht sind, bis der ganze Organismus auf Touren kommt, das braucht seine Zeit, mitunter eine qualvolle Zeit. Manchmal beneide ich deshalb ein wenig die Menschen, die morgens in aller Frühe schon hellwach sind, fröhlich wie der junge Tag. Ich selbst konnte eigentlich mit Sprüchen wie „Morgenstund' hat Gold im Mund" oder „Wie fröhlich bin ich aufgewacht" nie viel anfangen. Natürlich gibt es da Unterschiede. Wenn es draußen auch noch trüb und regnerisch ist, wenn man den Eindruck hat, die Sonne tut sich ebenso schwer mit dem Aufstehen wie man selbst, dann ist von Fröhlichkeit erst recht keine Rede. Es hängt natürlich auch davon ab, wie man geweckt wird. Der schrille Ton eines Weckers ist nicht gerade dazu angetan, den Morgen zu versüßen. In China, so hörte ich, ist man der Meinung, man müsse den Menschen sehr sanft und behutsam wecken, damit sein Geist, der des Nachts durch's Land schweift, genügend Zeit hat, in den Körper zurückzukehren. Mein Geist, so scheint mir, schweift manchmal noch etwas länger.

Aber im Ernst, der Schlaf und das Erwachen sind doch erstaunliche Vorgänge. Ich schlafe ein, und das Bewußtsein ist abgeschaltet. Aber die Welt geht weiter, meine eigene Welt auch. Nach ein paar Stunden erwache ich wieder; das heißt nicht etwa, daß ich nun einfach da weitermachen würde, wo ich gestern Abend aufgehört habe. Die Uhrzeiger sind weitergerückt, allerhand ist geschehen in diesen Stunden. Die Eindrücke des letzten Tages haben sich ein wenig sortiert; der Kopf ist, wenn es gut geht, wieder klar: Es beginnt ein neuer Tag, ein neuer Abschnitt. Was wohl inzwischen in mir alles vorgegangen ist? Manches bekommt man ja andeutungsweise im Traum mit. Und manchmal sind die Träume so realistisch, so echt und wirklichkeitsnah, daß man erst gar nicht weiß, was nun eigentlich wirklich ist, der Traum oder das wache Leben. Ist Ihnen auch schon einmal der Gedanke gekommen, unser ganzes Leben könnte nur so eine Art Traum sein, aus dem wir eines Tages jäh erwachen werden? Der Gedanke scheint absurd, und doch legt er sich manchmal nahe. Es gibt ja auch Zeiten unseres Lebens, von denen wir sagen, wir hätten gelebt wie im Traum. Wir lassen uns treiben von den Ereignissen, wir führen nicht unser Leben, sondern es wird geführt. Das kann dann natürlich ein böses Erwachen werden, wenn uns jemand wieder mit der harten Wirklichkeit konfrontiert. Wohl dem, der jemanden hat, der ihn sanft weckt und auf den Boden der Realität zurückbringt.
So ähnlich stelle ich es mir nach dem Tod vor. Das könnte auch ein böses Erwachen geben, wenn ich plötzlich sehe, wie mein Leben wirklich aussieht, welche Möglichkeiten ich hatte und doch nicht genützt habe, wieviele Irrwege ich gelaufen bin, in wieviele Sackgassen hineingeraten. Vielleicht gibt es aber auch ein freudiges Erwachen, wenn man sieht, daß auch scheinbar Vergebliches seinen Sinn hatte, daß gescheiterte Bemühungen irgendwo ihre Frucht getragen haben. Jedenfalls bin ich überzeugt, daß wir beim

Erwachen nicht allein sein werden. In den Texten der Totenliturgie beten wir: „Zum Paradiese sollen Engel dich geleiten, bei deiner Ankunft Märtyrer dich begrüßen und hineinführen in die heilige Stadt Jerusalem." Diesen Geleitzug können wir sicher gut brauchen. Aber auch Christus selbst wird dann da sein, er wird uns erwarten und uns einführen in dieses neue Leben, in den endgültigen Tag, der ohne Müdigkeit beginnt und ohne die Schwere der Nacht. In der bildhaften Sprache der Geheimen Offenbarung heißt es: „Das Lamm in der Mitte vor dem Thron (gemeint ist Christus) wird sie weiden und zu den Quellwassern des Lebens führen, und Gott wird jede Träne aus ihren Augen wischen" (Offb 7,17). Wenn ich daran denke, freue ich mich auf dieses Erwachen.

„Zieht den neuen Menschen an"

Ich bin immer wieder erstaunt, wenn ich jemanden treffe, der sich gern etwas Neues zum Anziehen kauft. Ein Kleid oder einen Anzug oder Schuhe, oder was es auch sei. Ich kann dem nicht viel Geschmack abgewinnen. Immer gerade wenn ich mich an eine Jacke richtig gewöhnt habe, wenn sie rundherum bequem ist und zu mir paßt, dann behauptet jemand, sie sei nicht mehr schön genug, so könne ich doch nicht herumlaufen. Immer, wenn Schuhe gerade richtig eingelaufen sind, ihr Eigenleben aufgegeben haben und ganz zum Fuß gehören, dann sagt jemand, sie seien ja schon völlig abgetragen und schäbig; ich müßte neue haben. Gewöhnlich muß man sich ja, wenn auch nach einigem Widerstand, schließlich doch fügen. Und dann gibt es wieder etwas Neues. Schuhe, die an allen Ecken drücken, die steif und hart sind und womöglich quietschen. Einen Anzug, auf den man furchtbar achtgeben muß, daß nichts drankommt, an dem natürlich alle Taschen verkehrt sitzen und überhaupt unpraktisch sind.

Der Ehrlichkeit halber will ich ja gerne zugeben, daß auch neue Kleider ihren Reiz haben und daß sie meistens bald schon ganz gut passen. Aber die Trennung vom Gewohnten, die Eingewöhnung in das Neue, fällt doch immer schwer.

Nun sind ja Kleider auch gar nicht etwas so Äußerliches, wie man meinen könnte. Sie verhüllen nicht nur, sie schützen nicht nur, sondern sie sollen ja auch ihren Träger zur Geltung bringen. Sie sollen den Menschen schmücken; sie sollen sichtbar machen, was er ist, oder wenigstens, was er sein will. „Kleider machen Leute", weil die Leute ihre Kleider zum Ausdrucksmittel ihrer Stellung und Bedeutung gemacht haben. Jedenfalls kann man sich im Frack nicht so benehmen wie in Blue Jeans und Rollkragenpullover. So äußerlich sind Kleider gar nicht. Wir ziehen mit ihnen die Rolle an, die wir spielen sollen oder wollen, und häufig wird uns nach unseren Kleidern auch einfach die Rolle zugeteilt, die man von uns erwartet. Manchmal möchten wir dann am liebsten aus unseren Kleidern schlüpfen, um endlich einmal ein ganz anderer zu sein. Wenn wir schon nicht aus unserer Haut herauskönnen, so haben wir doch hin und wieder das Bedürfnis, uns zu verkleiden, um sozusagen Urlaub von uns selbst zu nehmen oder die Rolle wenigstens zeitweise zu spielen, die wir uns immer erträumt haben.

Dieses Bild vom Anziehen eines neuen Kleides greift der Apostel Paulus auf, um seinen Zuhörern zu verdeutlichen, welche grundlegende Wandlung sie an sich vollziehen sollen. „Legt den alten Menschen ab", schreibt er, „der in Verblendung und Begierde zugrundegeht, ändert euer früheres Leben und erneuert euren Geist und Sinn! Zieht den neuen Menschen an, der nach Gottes Bild geschaffen ist, damit ihr wahrhaft gerecht und heilig lebt" (Eph 4,22ff). Das ist allerdings ein Umkleiden, das nicht in den Kleidern hängen bleibt, sondern unter die Haut geht. Ausdrücke wie „ein neues Leben beginnen", „ein neuer Mensch werden", sind uns ja geläufig. Und wir wissen, wie schwer das gelingt. Man kann doch seine Lebensweise nicht wechseln wie ein Hemd. Kein Wunder, daß wir uns dagegen wehren. Wie ist denn eigentlich das neue Kleid, der neue Mensch, den wir anziehen sollen? Paulus läßt daran keinen Zweifel: „Ihr alle, die ihr auf Christus getauft seid, habt Christus als Gewand angelegt", schreibt er (Gal 3,27). Christus soll die Form sein, die uns prägt, die Rolle, die wir übernehmen und die so sehr unsere werden soll, daß wir selbst wie Christus werden. Diese neue Kleidung anzulegen, das wird nicht ohne schmerzliche Trennung von dem Altgewohnten möglich sein. Aber wenn man sich einmal dazu durchgerungen hat, wenn die neuen Kleider sitzen, dann möchte man sie nie mehr wieder hergeben. Dann erst werden wir uns in der Rolle finden, die uns wirklich auf den Leib geschnitten ist.

Vom Zwang der Zeit befreit

„Da waren zwei unterwegs über Land, und sie hatten die Straße verloren. Zufällig trafen sie auf ein Bahngeleise. Da sagte der eine zum anderen: Weißt du was, wir gehen hier den Schienen entlang immer von Schwelle zu Schwelle; das ist gewiß der kürzeste Weg zum nächsten Ort. Das ging auch gut, bis sie nach kurzer Zeit in weiter Ferne hinter sich das Geräusch einer Lokomotive hörten. Sie wurden unruhig und liefen schneller, doch der Zug kam immer näher, bis schließlich einer der Freunde keuchend rief: Wenn jetzt nicht bald eine Weiche kommt, sind wir verloren!"

Eine ziemlich dumme Geschichte. Aber ich muß gestehen, manchmal habe ich das Gefühl, ich wäre einer von den beiden. Wir bewegen uns auf festen Geleisen; die Richtung ist weitgehend vorgeschrieben, und auch das Tempo bestimmen wir nicht selbst. Und dann geht es immer schneller, gehetzt vom eigenen Terminkalender, die Furcht im Nacken, man könnte von den Ereignissen überrollt werden. Von Zeit zu Zeit kommt dann wohl eine Weiche. Wenn man sie nützt, kommt man auf ein anderes Geleise; zunächst mag es dann etwas ruhiger werden, doch bald beginnt die Hetzerei von vorne. Gewiß müßte es eigentlich nicht so sein, und oft sind wir auch selbst daran schuld, daß wir keine Zeit mehr haben. Man hat sich so daran gewöhnt, daß immer irgend etwas los ist und schnell noch getan werden muß, daß wir die Lücken, die es vielleicht noch hin und wieder gibt, gleich füllen mit irgendeiner mehr oder weniger nützlichen Tätigkeit. Ab und zu versuche ich, einzuhalten, ruhig und gelassen die Dinge an mir vorbeirauschen zu lassen. Das kann auch gelingen, aber auf die Dauer geht das nicht. Die Zeit läuft weiter. Man kann die Uhr zwar festhalten, aber nicht die Stunden. Sie verrinnen mit und ohne uns. Das wäre ja nicht schlimm, wenn unermeßlich viel Zeit zur Verfügung stünde. Dann könnte man beruhigt sagen: Morgen ist auch noch ein Tag und übermorgen wieder einer. Wir wissen aber nur zu gut, daß unsere Zeit bemessen ist. Was heute versäumt wird, kann meistens morgen nicht mehr eingeholt werden, denn morgen gibt es schon so viel anderes zu tun. Es ist schon so: Wir kommen nicht herunter von unserem Geleise. Solange wir leben, stehen wir unter dem Zwang der Zeit. Es gibt keine Möglichkeit, diesem Zwang zu entrinnen, es sei denn, man könnte die Zeit ganz abschaffen. Wenn es gar keine Zeit mehr gäbe, dann gäbe es auch keinen Zeitdruck mehr, keinen Zeitmangel, nie wäre man unzeitgemäß, nichts käme vorzeitig, nichts zu spät. Aber das sind wieder nur Wunschgedanken. So etwas gibt es nicht. Die Zeit kann man nicht abschaffen. Oder doch?

Von Gott heißt es, er sei ohne Zeit. „Jesus Christus ist derselbe gestern und heute und in Ewigkeit", steht im Hebräerbrief. Bei Gott gibt es kein Vorher und Nachher, keinen Zeitdruck, keine Stunden, Minuten und Sekunden: Gott ist die reine Gegenwart, er lebt im fortdauernden, ewigen Jetzt. Wir können uns das nicht vorstellen, weil auch unsere Vorstellungskraft immer auf den Geleisen der Zeit läuft und nicht davon absehen kann. Aber die Heilige Schrift verspricht uns einen neuen Himmel und eine neue Erde, ein neues Leben mit völlig neuen Dimensionen, ein Leben nach der Art von Gottes Leben. Dann werden auch wir von dem Zwang der Zeit befreit sein, unabhängig von den Schwellen Vergangenheit, Gegenwart, Zukunft. Dann werden auch wird nur noch zeitlose Gegenwart kennen. Wird das nicht langweilig werden, so ganz ohne die gewohnte Hetzerei? Nein, das wird nicht langweilig, denn diese Gegenwart ist nicht nur der flüchtige Augenblick zwischen Vergangenheit und Zukunft, nicht nur ein einzelnes Bild in einem ganzen Film. Vielmehr wird alles, was war und was ist und was sein wird, uns gleichzeitig gegenwärtig sein. Da werden wir aus dem Staunen nicht herauskommen.